Dorothee Bastian

Grüne Glücksorte in Frankfurt

Geh raus & blüh auf

Dieses

Glücksbuch

ist für

Liebe Glücksuchende,

ausgedehnte Wälder, gepflegte Parkanlagen, Streuobstwiesen und Ackerflächen gehören ebenso zu Frankfurt wie Wolkenkratzer, Bankenviertel und Großflughafen. Wussten Sie, dass etwa die Hälfte des Stadtgebietes mit Grün bedeckt ist? Unzählige grüne Oasen sind im Stadtwald im Süden, im landwirtschaftlich geprägten Norden oder in den Parks und Botanischen Gärten im Zentrum zu finden.
Genau 80 davon habe ich für Sie ausgewählt und in ihrer Einzigartigkeit beschrieben. Neben den bekannten Parkanlagen finden Sie Naturschutzgebiete, versteckte Wildwiesen, Altwälder, Dünen und idyllische Flussufer. Entdecken Sie selten gewordene Pflanzen und Tiere, atmen Sie den Duft der Bärlauchwälder ein und schmecken Sie das Wasser von Heilquellen. Lernen Sie Ausflugslokale, Hofstationen und Märkte kennen und kosten Sie regionale Produkte, von denen viele im Stadtgebiet erzeugt werden.
Die grüne Lunge, die sich durch Frankfurts Zentrum zieht, aber auch das grüne Band rund um die Stadt bieten viel Raum für Erholung und Bewegung, Begegnung und Vergnügen. Radeln oder wandern Sie von Glücksort zu Glücksort und machen Sie Ihre eigenen Entdeckungen und Naturerfahrungen. Lassen Sie sich ein auf das grüne Frankfurt am Main!

Ihre Dorothee Bastian

Deine Glücksorte ...

... noch mehr Glück für dich

Hier bin ich Mensch …

1 Die Gerbermühle

Frankfurter Freiluft-Enthusiasten führt es immer wieder hinaus zur Gerbermühle. Direkt am Main gelegen, viel Grün, ein Biergarten und dazu eine fantastische Aussicht auf die Skyline der Stadt. Was braucht man mehr zum Glücklichsein? Unter den schattenspendenden Kastanien sitzen die Ausflügler, schauen dem Treiben auf der Promenade zu und lassen bei Speis und Trank die Seele baumeln. Der friedlich dahinströmende Fluss, die vorbeiziehenden Ausflugsschiffe und die locker-fröhliche Atmosphäre schaffen wahre Urlaubsstimmung.
Entspannung stellt sich schon auf dem Weg zur Gerbermühle ein. Zu Fuß oder mit dem Fahrrad geht es vom belebten Sachsenhausen zwischen Wiesen und mächtigen Bäumen durch die Mainuferanlagen. Beim Ruderclub laden verschiedene Ausflugslokale und eine breite Treppe am Fluss zu einer Rast ein. Noch bevor die Gerbermühle erreicht ist, animiert das ICH-Denkmal zum Posieren und Fotografieren. Die Skulptur von Hans Traxler macht darauf aufmerksam, dass jeder Mensch einzigartig ist. Die Einzigartigkeit des Menschen und das Mensch-Sein-Dürfen liegen an der Gerbermühle nah beieinander. Johann Wolfgang von Goethe lässt seinen Faust beim Spaziergang sprechen: „Vom Eis befreit sind Strom und Bäche (…) Zufrieden jauchzet groß und klein / Hier bin ich Mensch, hier darf ich's sein." Diese Zeilen sollen auf einen seiner Spaziergänge vom Sachsenhäuser Berg zur Gerbermühle zurückgehen. Goethe verbrachte 1815 mehrere Wochen in der Mühle, als Gast des Bankiers Johann Jakob von Willemer und dessen Frau Marianne, zu der er eine innige Beziehung entwickelte. Diese platonische Liebe offenbart sich in den Versen des Gedichtes „Gingko biloba", das er Marianne widmete. Mit Antworten wie „Hochbeglückt in deiner Liebe" ging Marianne sogar in die Gedichtsammlung des „West-östlichen Divans" ein. Dank dieser Verbindung zum Dichterfürsten und seiner Muse steht die Gerbermühle heute als Kulturdenkmal unter Schutz. Was für ein Glück!

- Gerbermühle, Gerbermühlstraße 105, 60594 Frankfurt
- ÖPNV: Tram 16, Haltestelle Buchrainplatz (10 Minuten Fußweg); S1, S2, S8, S9, Haltestelle Offenbach-Kaiserlei (20 Minuten Fußweg Richtung Sachsenhausen)

Ländliches Idyll

2 Rund um das Höchster Schloss

Große Bäume spenden kühlen Schatten über den Sitzbänken am Ende der Terrasse, eine halbrunde Hecke bietet Schutz nach Osten. Nach Westen entfaltet sich ein geometrisch angelegter kleiner Park mit Rasen sowie Rosen- und Lavendelbeeten. Zur einen Seite schweift der Blick über den Main in die Schwanheimer Wiesen, zur anderen Seite schauen zwischen den Bäumen im Burggraben die pittoresken Fachwerkhäuser am Schlossplatz hervor.

Die Ausflügler genießen die heitere Stimmung und die kühle Brise, die vom Main heraufweht. Kaum zu glauben, dass sich dieses ländliche Idyll in Frankfurt befindet. Wir sind in Höchst, einst selbstständige Stadt und Zollstation der Mainzer Erzbischöfe, 1928 der Stadt Frankfurt eingemeindet. Die kleine Parkanlage hoch auf der Stadtmauer gehört zum Alten Schloss, das, entstanden aus einer Zollburg, in der Renaissance zu einem prächtigen Schloss des Mainzer Kurfürsten ausgebaut wurde. Der Palast selbst wurde zerstört, aber das Torhaus, der Schlossturm und der Renaissancetrakt bilden zusammen mit dem Burggraben noch heute ein herrschaftliches Ensemble. Wer möchte hier nicht verweilen und den Mainschiffen nachschauen oder im Schlosscafé bei Süßem und Kaffee den Tag genießen? Nicht weniger idyllisch ist ein Bummel durch die Gassen rund um das Schloss. Die blumenberankten Fassaden und die bunten Blumenbeete vor den farbenfrohen Fachwerkhäusern aus dem 16. bis 18. Jahrhundert setzen das grüne Glück in der Altstadt fort. Postkartenmotive bieten sich entlang des Burggrabens und am Marktplatz.

Bei schönem Wetter laden hier die historischen Gaststätten auf dem Platz zu einer gemütlichen Einkehr vor malerischer Kulisse ein. Schon Goethe, der alte Genießer, wusste die Geselligkeit der Gaststätten am Marktplatz zu schätzen. Er kam häufiger mit dem Marktschiff aus Frankfurt, um in Höchst seine Freunde zu besuchen. Also, wenn der es nicht wusste!

TIPP

Mit der einzigen Personenfähre im Stadtgebiet nach Schwanheim zum nächsten Glücksort übersetzen.

- Höchster Schloss, Höchster Schlossplatz, 65929 Frankfurt
- ÖPNV: S2, Haltestelle Frankfurt-Höchst (10 Minuten Fußweg)

Entfesselter Fluss

3 Auenlandschaft im Fechenheimer Mainbogen

Brauchen wir nicht alle Platz, um uns entfalten zu können? Einem Fluss geht es da nicht anders. Wo der Main in der Innenstadt in ein enges Korsett gezwängt wird, darf er sich in Fechenheim ausbreiten und neue Ufer erobern. Welch ein Glück für den Fluss und für uns! Denn das Auengebiet im Fechenheimer Mainbogen ist nicht nur Überschwemmungsgebiet, sondern auch ein Naturparadies. Seit 2015 wird dieses Areal, das überwiegend landwirtschaftlich genutzt wird, sukzessive in eine naturnahe Auenlandschaft mit neuen Main-Nebenarmen, Auwäldern und Wiesen verwandelt. In diesem Übergangsgebiet zwischen Fluss und Land sind Lebensräume für Tiere und Pflanzen entstanden, die am Main selten oder auch schon verschwunden sind. In den mit dem Main verbundenen Gewässern tummeln sich Karpfen, Rotaugen, Hechte, Ukeleien und andere der 28 Fischarten, die im Main leben und in den Nebenarmen ihre Laichplätze aufsuchen. In den Feuchtwiesen lassen sich Graureiher und Eisvögel beobachten, und rund um die Gewässer haben sich Wildpflanzen angesiedelt. Im älteren Bereich westlich der Starkenburger Straße hat die Natur die Landschaft schon zurückerobert. Die Teiche sind mit Schilf und Wasserlinsen bewachsen und bieten vielfältigen Lebensraum für Insekten, Vögel und Frösche.

Besonders schön ist ein Spaziergang über den alten Leinpfad, auf dem in vormotorisierten Zeiten Pferde die Kähne den Main flussaufwärts zogen. Den Weg, der im Bereich der Nebenarme vom Fluss weggeführt wurde, begleiten Pappeln und Weiden, Ulmen, Eschen und andere Baumarten der Flussaue. An einer über 100 Jahre alten Silberweide haben sich Baumpilze angesiedelt und aus den Wipfeln einer Schwarz-Pappel erklingt das Krächzen der Krähen. Hin und wieder gibt die Vegetation kleine Uferbereiche frei, die zum Ausruhen und Beobachten einladen. Ein Schwan kommt neugierig geschwommen, Vögel zwitschern im Gebüsch und Ruderer ziehen ihre Paddel durchs Wasser. Das ist Erholung pur!

- Fechenheimer Mainbogen, Starkenburger Straße, 60386 Frankfurt
- ÖPNV: Tram 11, Haltestelle Schießhüttenstraße (5 Minuten Fußweg)

Wellness im Jagdschloss

4 Den Tag genießen im Kempinski Gravenbruch

Mitten im Wald liegt, versteckt hinter Büschen und Bäumen, ein Refugium der Ruhe. Das Kempinski-Hotel in Gravenbruch verbindet das Glück, in der Natur zu sein mit dem wohligen Gefühl, verwöhnt zu werden. Das Hotel vereint das Glück einer idyllisch gestalteten Parkanlage mit den Annehmlichkeiten einer edlen Verwöhnoase.
Ein Aufenthalt in der Luxusherberge ist zwar kein ganz billiges Vergnügen, aber ein Vermögen kostet der Drink auf der Terrasse oder ein Essen im Gartenrestaurant nicht. Und danach lädt das Hotel zum Spaziergang durch den eigenen Park mit Springbrunnen und See ein. Das Anwesen in dem 15 Hektar großen Gelände blickt auf eine mehr als 400-jährige Geschichte zurück. 1586 legte der Junker Sebastian von Heusenstamm einen Hof im Gravenbruch an. Das Haus, das etwa 80 Jahre später in den Besitz der Grafen von Schönborn gelangte, wurde 1720 zum Jagdschloss ausgebaut. Im 19. Jahrhundert befand sich in der rechteckigen Hofanlage ein beliebtes Ausflugslokal für den Frankfurter Adel. Das so genannte Forsthaus Gravenbruch ist heute Teil des Hotelkomplexes, den Kempinski vor mehr als 40 Jahren durch Erweiterung der historischen Gebäude geschaffen hat. Entspannt auf der Terrasse der Lounge Bar sitzend – vielleicht ist gerade eine englische Tea-Time serviert worden –, streift der Blick über den See, der von hohen Bäumen umgeben ist. In regelmäßigen Abständen beginnt ein Spektakel aus Wasser, Licht und Musik. 116 Düsen lassen Fontänen bis zu 28 Meter in den Himmel hochsteigen. Bei milden Temperaturen lädt zudem die Terrasse des Restaurants ein. Der dahinterliegende Park wird durch prächtige Hortensienbüsche abgeschirmt. Im Schoppenhof kann man unter Bäumen im historisch rustikalen Ambiente gemütliche Stunden verbringen. So richtig ausgiebig lässt sich diese Oase im Day Spa genießen. Bei Sonnenschein auf einer Liege im Freibad des Wohlfühlbereiches, einen Drink in der Hand und die Sonne im Gesicht, was braucht man mehr zum Glück?

- Kempinski Hotel Frankfurt Gravenbruch, Graf-zu-Ysenburg-und-Büdingen-Platz 1, 63263 Neu-Isenburg, www.kempinski.com/de/frankfurt/hotel-gravenbruch
- ÖPNV: S2, Haltestelle Heusenstamm, weiter mit Bus X19, Haltestelle Gravenbruch-Forsthaus/Neu-Isenburg (5 Minuten Fußweg); ab Lokalbahnhof Bus OF-50, Haltestelle Gravenbruch, Stieglitzstraße/Neu-Isenburg (12 Minuten Fußweg)

Ein Fest für die Sinne

5 Auf in die Kleinmarkthalle

Ein Feuerwerk der Farben und Düfte: Das malerische Spektakel aus Früchten, Gemüsen, Pflanzen und Gewürzen, vermischt mit betörenden Düften und einem bunten Sprachgewirr, liegt hinter den Glastüren der Kleinmarkthalle. Hier zeigt die Natur, was sie kann. Und das ist mehr als Grün. In bunten Farben leuchten die Früchte aus aller Welt. Und selbst in pulverisierter, kandierter oder getrockneter Form zeugen sie von der Farbenpracht und Vielfalt, die uns die Erde schenkt. Einen ersten Frischekick gibt es gratis, beim Bummel entlang der Marktstände von sage und schreibe 63 Händlern, die mit ihrem Angebot die Herzen der Besucher höherschlagen lassen. Von regionalem Gemüse bis hin zu exotischen Früchten, farbenfroh und appetitlich präsentiert, versprechen sie den Köchinnen und Köchen vitaminreichen Genuss. Da bleibt es nicht aus, dass sich die Einkaufstüten füllen. Die grüne Vielfalt ist nicht allein für den Magen bestimmt. Blumenhändler locken die Besucher mit Balkonpflanzen, Kräutern, Schnittblumen und mehr. Die Farben- und Duftvielfalt setzt sich in anderen Nuancen an den Gewürzständen fort und erinnert an Urlaubstage im Süden oder im Orient. Das Angebot an Delikatessen, Wein, Öl, Käse sowie Back- und Fleischwaren und frischen Fischen soll nicht unerwähnt bleiben. Viele der Köstlichkeiten können die Besucher an den Imbissständen der Kleinmarkthalle probieren.

TIPP

Es lohnt, sich in die Schlange vor der Wurst-Ilse einzureihen, um die beliebten Fleischwürste aus den dampfenden Kesseln zu probieren.

Schon 1878 bekamen die Marktfrauen aus der Umgebung mit einer Halle ein Dach über dem Kopf. Der neoklassizistische Glas-Eisen-Bau wurde wie die umgebende Altstadt im Zweiten Weltkrieg zerstört. 1954 wurde eine neue Markthalle errichtet, nur 200 Meter vom alten Standort entfernt. Sie galt mit der schrägen verglasten Seitenfront und dem Pultdach als Beispiel für modernes Bauen. Im Laufe der Wirtschaftswunderjahre kamen mit den Einwanderern aus dem Mittelmeerraum auch unbekannte Früchte ins Angebot. Ganz heimisch und ganz grün sind die Kräuter für die Grüne Soße. Ein echter Frankfurter Genuss!

- Kleinmarkthalle, Hasengasse 5–7, 60311 Frankfurt, www.kleinmarkthalle.de
- ÖPNV: S1, S4, S5, S6, S9, Haltestelle Hauptwache (6 Minuten Fußweg); U4, U5, Haltestelle Römer (7 Minuten Fußweg)

Zur letzten Ruhe

6 Besinnliches auf dem Hauptfriedhof

Einem griechischen Tempel gleich, empfängt das Alte Portal die Besucher dieses stillen, von der Welt abgerückten Ortes. Wer zwischen den mächtigen dorischen Säulen hindurchschreitet, tauscht die laute Stadt gegen die melancholisch-romantische Parklandschaft des Hauptfriedhofes ein. Aus dem Sonnenlicht des kleinen Platzes im ältesten Teil des Friedhofes führen geschwungene Wege ins Halbdunkel unter mächtigen Bäumen. Die meist kunstvoll gestalteten Grabdenkmäler, die Ausdruck des sozialen Status, des Selbstverständnisses sowie des Glaubens der Verstorbenen sind, liegen eingebettet in eine üppige Vegetation. Ihre Inschriften zeugen von der Zuversicht der uns Vorausgegangenen. Viele der Skulpturen sind Symbole der Vergänglichkeit, aber auch der Hoffnung auf ein ewiges Leben.

TIPP

Eine schöne Einstimmung auf einen Friedhofsrundgang ist das Buch „Der Melancholische Garten" von E.D. Drolshagen.

Bei einem Spaziergang durch das etwa 70 Hektar große Friedhofsgelände, das im frühen 19. Jahrhundert von Stadtbaumeister Sebastian Rinz wie ein englischer Landschaftspark angelegt wurde, lässt sich die Zeit vergessen. Mehr als 60 Kilometer Wege leiten uns durch die verschiedenen als Gewanne bezeichneten Bereiche. 1828 eröffnet, wurde der Friedhof bis 1957 auf die heutige Größe erweitert und die Gräber nach dem Kunstverständnis der Zeit gestaltet. Viele berühmte Persönlichkeiten haben hier ihre letzte Ruhestätte gefunden. Ihre Grabdenkmäler scheinen wie in Stein geschlagene Geschichtsbücher und führen uns zurück zu Ereignissen in Politik, Literatur und Kunst. Vom Neuen Portal führen schnurgerade Wege in die verschiedenen Parkbereiche, die jeweils ihren eigenen Charakter besitzen und als persönlicher grüner Glücksort entdeckt werden wollen. Ist es das Mausoleum Gans, ein Rundtempel mit blauem Mosaikhimmel im Innern, das uns magisch anzieht? Oder das Rhododendronwäldchen, das im Frühjahr mit seinem Blütenmeer verzaubert, oder ist es das Eichhörnchen, das munter von Baum zum Baum springt? Es gibt viele Glücksmomente und Orte zum besinnlichen Verweilen.

- Hauptfriedhof, Eckenheimer Landstraße 188–190, 60320 Frankfurt
- ÖPNV: U5, Haltestelle Hauptfriedhof, Neues Portal

Märchenschloss am Main

7 Im Garten des Liebieghauses

Wo rechts des Mains die postmoderne Architektur der Wolkenkratzer die Fans des Urban Life begeistert, zieht auf der gegenüberliegenden Mainseite die Gediegenheit und klassische Schönheit der zahlreichen Villen und gründerzeitlichen Bürgerhäuser die Freunde von Kunst und Geschichte an. Das Liebieghaus am Sachsenhäuser Ufer, heute Skulpturenmuseum, ist eines der prachtvollsten Privathäuser, die im 19. Jahrhundert errichtet wurden, und besitzt zudem einen märchenhaften Garten. Wer durch das doppelflügelige Tor der Einfriedungsmauer tritt, befindet sich von einem Moment zum anderen in einer anderen Welt. Die Kulisse für diese grüne Oase bildet die ehemalige herrschaftliche Villa, deren Türmchen, Erker, Fassadendekorationen, Rund- und Spitzbögen das Bild eines Märchenschlosses vor Augen erstehen lassen. Nach Süden schirmt ein langgezogener Galerietrakt den Garten von der Außenwelt ab. Mächtige Bäume aus verschiedenen Regionen dieser Erde geben ihm einen parkähnlichen Charakter. Hochgewachsene dichte Sträucher schaffen intime Gartenräume, die mit Säulen und Skulpturen dekoriert sind. Unter dem schattenspendenden Dach der Bäume laden die Rasenflächen zum Ausruhen ein. Ein kleiner Rundweg führt in einem Bogen durch den Park, vorbei an Exoten wie Lederhülsenbaum, Krimlinde oder Balsampappel. Der idyllische Garten beherbergt zudem ein Café, in dem sich herrlich entspannen lässt. Auf der Außenterrasse, zwischen efeuberankten Wänden und leuchtenden Hortensien, genießen die Gäste die besondere Atmosphäre des historischen Ortes.

Dieses Idyll sowie das Museum mit seiner beeindruckenden Sammlung von rund 3000 Skulpturen verdankt die Stadt Frankfurt dem Textilfabrikanten Heinrich Baron von Liebieg. Ende des 19. Jahrhunderts ließ er die Villa errichten, deren Architektur Elemente verschiedener europäischer Baustile vereint. 1907 überließ er das Gebäude der Stadt Frankfurt zum Vorzugspreis unter der Bedingung, dass darin für alle Zeiten ein öffentliches Kunstmuseum eingerichtet werde.

TIPP

Im stimmungsvollen Garten lassen sich in lauen Sommernächten Musik- und Kunstveranstaltungen genießen.

- Liebieghaus, Schaumainkai 71, 60596 Frankfurt, www.liebieghaus.de
- ÖPNV: Tram 16, 17, 21, Haltestelle Stresemannallee/Gartenstraße (6 Minuten Fußweg)

Licht und Sonne tanken

8 Im LiLu-Bad in Niederrad

Wir gehen ins Licht- und Luftbad! Das hört sich ziemlich altmodisch an. Normalerweise baden wir im Wasser und gehen an der Luft spazieren. Der Name geht auf die Mitte des 20. Jahrhunderts zurück, als das Flussschwimmbad am Niederräder Ufer wegen starker Verschmutzung des Mains geschlossen und in ein Licht- und Luftbad umgewandelt wurde. Das im Jahr 1900 eröffnete Bad war ein Freizeitort insbesondere für Arbeiterfamilien, die sich hier erholen konnten. Damals herrschten in den Großstädten teilweise bedrückende Verhältnisse: Die Wohnungen waren eng und oft feucht, die Tuberkulose grassierte immer noch unter der Bevölkerung. Die Lungenkur in den Bergen blieb den Wohlhabenden vorbehalten. Für die Arbeiter kamen solche kostspieligen Reisen nicht infrage, sie erholten sich in den Volksparks und in den Flussbädern, die im 19. und Anfang des 20. Jahrhunderts angelegt wurden, um die Volksgesundheit zu stärken. Damals plantschten die Frankfurter noch fröhlich im Main. Durch die Landzunge, die durch den Bau einer Schleuse entstanden war, konnten sie in dem beruhigten Bereich am Wehr unbesorgt baden. Zudem gab es abgetrennte Schwimmbecken im Main.

Auch wenn man heute nicht mehr im Fluss schwimmen kann, ist das LiLu-Bad, wie es liebevoll genannt wird, ein idyllischer Rückzugs- und Erholungsort. Kaum hat man den Mainuferweg verlassen, taucht man in die Ruhe des naturbelassenen Ortes ein. Liegewiesen, ein kleiner Sandstrand und Ruhebänke laden zum Sonnenbaden und Entspannen ein. Familien breiten ihre Picknickdecken aus, Kinder buddeln im Sand oder vergnügen sich auf dem Spielplatz, auf dem Feuer im Grillbereich brutzeln die Würstchen. Wem das Picknicken auf den Wiesen zu unbequem ist, der versorgt sich im LiLu-Café, das sich in einem stählernen Ponton befindet, der bei Hochwasser schwimmen kann. Besonders hübsch ist das Naturschiff im Schleusenbecken, das mit seinem grünen Haarschopf bezaubert. Ein wahrhaft grünes Idyll!

- Licht- und Luftbad Niederrad, Niederräder Ufer 10, 60528 Frankfurt
  www.lilu-frankfurt.de
- ÖPNV: Tram 12, 15, 21, Haltestelle Heinrich-Hoffmann-Straße/Blutspendedienst (10 Minuten Fußweg)

Wo der Äbbelwoi wächst

9 Erlebnisgarten auf dem Lohrberg

Wo soll man sich niederlassen in diesem Paradiesgarten? An einer der kleinen Sitzgruppen mit Gartentischen und Stühlen oder auf der geschwungenen Holzliege unter den Apfelbäumen? Oder lieber in die bunte Wiese legen und durch das Geäst der Obstbäume in den Himmel träumen? Das sind nicht die einzigen Optionen im Erlebnisgarten auf dem Lohrberg. Der Apfelweingarten lockt mit herzhaften Speisen und Getränken. Auf der „Baabambelbank" können die Beine mal nach Herzenslust bambeln, während ihre Besitzer die Aussicht über die Streuobstwiese genießen. Wer lieber aktiv sein und sich dazu im Naturschutz engagieren möchte, kann sich als ehrenamtlicher Mitarbeiter an der Pflege der Bäume und der Schaugärten beteiligen oder bei den Jahreszeitenfesten, wie dem Blüten- oder Äppelfest, helfen. Auch bei Exkursionen und Mitmach-Angeboten lernen die Besucher die Zusammenhänge in der Natur verstehen.

Der Erlebnisgarten blickt auf eine lange Geschichte zurück. Im Jahr 1919, als der Lohrpark angelegt wurde, entstand auch die erste Frankfurter Kleingartenkolonie. Im Zweiten Weltkrieg bepflanzte man in der Not sogar die große Spielwiese im Park mit Gemüse. 1947 entstand in der Folge der städtische „Beispiel- und Beratungsgarten für Obstbau betreibende Bürger", der 2005 vom Verein Streuobstzentrum übernommen wurde. Der Verein betreut den 19.000 Quadratmeter großen Naturerlebnisgarten mit 150 verschiedenen Obstsorten. Fachleute beraten Interessierte zum Thema Obstanbau und -pflege und erklären bei einer Führung durch den Garten die einzelnen Schaugärten und die geologischen Besonderheiten des Berger Rückens. Streuobstwiesen waren früher ein typischer Bestandteil bäuerlicher Kulturlandschaft, und das Landschaftsbild in der Region Rhein-Main ist ohne die Obstwiesen nicht vorstellbar. Der Apfelanbau hat dabei eine regionale Spezialität hervorgebracht, die untrennbar mit Frankfurt verbunden ist: der Äbbelwoi. Und der schmeckt auf der Streuobstwiese unter einem Apfelbaum besonders gut!

- MainÄppelHaus Lohrberg Streuobstzentrum e. V., Klingenweg 90, 60389 Frankfurt, www.mainaeppelhauslohrberg.de
- ÖPNV: Bus 30, Haltestelle Lohrberg/Heiligenstock (20 Minuten Fußweg); Bus 43, Haltestelle Budge Altenheim/Lohrberg (10 Minuten Fußweg)

Sommerglück

10 Spaziergang am Eschbach

Goldgelbe Weizenähren wiegen sich im Wind, auf den Streuobstwiesen reifen die Äpfel, das Kraut der Rüben steht hoch. Der Blick geht weit über das hügelige Land der südlichen Wetterau. Soweit das Auge reicht, breiten sich Felder und Streuobstwiesen aus, denn auf dem fruchtbaren Lössboden gedeihen Getreide, Obst und Gemüse prächtig.

Die ländliche Umgebung des dörflich geprägten Nieder-Eschbachs ist aber nicht der einzige Anlass für einen Ausflug in den Norden Frankfurts. Vielmehr locken der Eschbach und seine Quellgräben, die Streuobstwiesen und der naturbelassene Pfingstwald zu einem unvergesslichen Aufenthalt in der Natur. Der kleine Bach, der aus dem Taunus kommt und nach 18 Kilometern bei Harheim in die Nidda mündet, fließt in sanften Bögen durch den alten Ortskern. An seinem mit Bäumen und Sträuchern dicht bewachsenen Ufer führt ein Spazierweg hinaus in die Auenlandschaft. Was gibt es hier nicht alles zu entdecken? In den Honigwiesen, die von Quellen und Abflussgräben befeuchtet werden, wachsen Schilfgräser, Engelwurz, Kohldistel und das duftende Mädesüß. Dazwischen leuchten der purpurrote Blutweiderich, der lilafarbene Sumpf-Storchschnabel und die rosafarbene Kuckuckslichtnelke. Schillernd blaue Libellen schwirren zwischen den Gräsern, Insekten suchen Nektar in den bunten Blüten und hier und da taucht ein Frosch aus einem Wassergraben auf.

Der Spazierweg steigt bergan zu den Streuobstwiesen am sonnenbeschienenen Hang. Reifendes Obst, Blumen und Wildkräuter verbreiten hier ihren würzigen Duft. Kühe grasen friedlich zwischen den Apfelbäumen. Die Wiesen und der angrenzende Pfingstwald sind erfüllt vom Gezwitscher unzähliger Vögel. Der ungestörte Naturraum ist ein idealer Lebensraum für viele Arten, darunter auch Pirol und Nachtigall. In dem urwüchsigen Wald befindet sich auch ein Wassersprudel, eine ehemals als Fontäne sprudelnde Quelle. Wer sich in der Natur am Eschbach Zeit nimmt, kann sein grünes Wunder erleben!

TIPP

In und um Nieder-Eschbach bieten Bauern ihre Produkte frisch ab Hof an.

- Honigwiesen am Eschbach, Am Sprudel, 60437 Frankfurt
- ÖPNV: U2, Bus 27, 29, Haltestelle Nieder-Eschbach

Lieblingspark

11 Historischer Palmengarten

600.000 Besucher jährlich können nicht irren. Und 6000 Besitzer einer Jahreskarte sind regelrecht süchtig nach diesem Paradies voller Schönheit und botanischer Vielfalt. Pflanzen aus aller Welt, alte und seltene Bäume, Wiesen und Wassergärten, Gewächshäuser und Kunstwerke haben sich auf 22 Hektar zu einem einzigartigen Garten vereinigt. Um durch die verschiedenen Parkbereiche zu spazieren, reichen ein paar Stunden. Um sie zu genießen und ihre botanischen Schätze zu entdecken, braucht es viel Zeit.

Im Sommer ziehen vor allem die Teiche, Zierbrunnen und der Wasserspielplatz an. Am Oktogon-Brunnen, von Palmen und weißen Gartenbänken umgeben, lädt die Choreographie der aufsteigenden Fontänen zu einer erfrischenden Ruhepause ein. Reihen von Wasserstrahlen schießen wie das Gras aus der Erde, bis sich zuletzt die Strahlen in ihrer Mitte wie eine Blüte öffnen und schließen. Ein zauberhaftes Schauspiel, von dem man sich kaum trennen kann. Märchenhaft schön erscheint der nahegelegene Rosengarten. Um einen zentralen Pavillon im neoklassizistischen Stil, der von einer mit Rosen bewachsenen Pergola eingerahmt ist, breiten sich die Rosenbeete aus. Im Frühsommer locken sie mit ihrer Farbenpracht und einem unwiderstehlichen Duft – der Grund, ein Rosen- und Lichterfest zu feiern, das zu den schönsten Veranstaltungen der Stadt zählt. Neben den verschiedenen Parkbereichen, die an dieser Stelle nicht beschrieben werden können, laden eine Vielzahl an Bänken und Liegen zu erholsamen Stunden ein.

Der 1871 eröffnete Palmengarten war von Anfang an als Park von Bürgern für Bürger konzipiert und ist eine wahre Oase im Großstadtdschungel. Der Garten ist nicht nur Hort für botanische Raritäten, auch zahlreiche Kunstwerke dekorieren die Beete, ducken sich unter Bäumen und lugen zwischen Sträuchern hervor. Für Vergnügen sorgen Tretboote, Spielplätze, eine Parkbahn, das Musiktheater und ein Café. Genießen, erholen und vergnügen, das alles ist möglich im Palmengarten.

- Palmengarten, Siesmayerstraße 63, 60323 Frankfurt, www.palmengarten.de
- ÖPNV: U6, U7, Haltestelle Westend; Bus 36, Haltestelle Palmengarten (Eingang Siesmayerstraße); U4, U6, U7, Bus 32, 50, 75, Haltestelle Bockenheimer Warte (Eingang Palmengartenstraße)

Erfrischendes Grün

12 Auf dem Waldspielplatz Louisa

Raus aus der Stadt und rein in den Wald. Dorthin, wo Kinder im Schatten der hohen Bäume toben und ihrer Kreativität freien Lauf lassen können. In Frankfurt laden sieben fantasievoll angelegte Waldspielparks zu Spiel und Abenteuer ein. Sechs davon liegen im etwa 5000 Hektar großen Stadtwald, der jenseits der Spielplätze ein riesiges Freizeit- und Erholungsgebiet darstellt. Ein weiterer Waldspielplatz liegt im Fechenheimer Wald.

Jede der Spielanlagen hebt sich durch besondere Spielmöglichkeiten ab. Mal ist es ein Irrgarten, mal eine Minigolfanlage oder Dino-Spielgeräte, mal ein integrativer Spielbereich oder ein Wassersprühfeld. Auf dem Waldspielplatz Louisa, der 1954 als erster der Waldspielparke angelegt wurde, sind im Sommer sicherlich das Sprühfeld und das Planschbecken die Attraktionen. Auch die Holzburg und andere Spielgeräte versprechen Unterhaltung und Spaß. Kinder mit Handicap finden im integrativen Spielbereich passende Spielgeräte.

Ein grüner Glücksort befindet sich im Zentrum der Anlage: Auf einem erhabenen Rondell, unter einem Kreis von alten Lindenbäumen, laden Bänke zu einer kommunikativen Rast und zum Picknicken ein. Von hier fällt der Blick über den gesamten Park und hinauf zum Hügel, wo eine mächtige Hängebuche ihre Zweige ausbreitet. Bei diesem Baum stand einst ein Jagdhaus, das Borkenhäuschen, das rundherum mit Baumrinde verkleidet war. Der Bankier Simon Moritz von Bethmann ließ es errichten, nachdem er 1812 das Waldstück gekauft hatte und einen englischen Landschaftsgarten sowie einen Wildpark anlegen ließ. Er benannte den Park nach seiner Frau Louise, Mutter der drei „Bethmännchen“, nach denen das berühmte Frankfurter Gebäck benannt ist. Der Waldbereich ist heute nicht mehr zugänglich, auch das Bronzebild des Lieblingspferdes des Bankiers, Eclipse, ist nur noch über die Hecken hinweg sichtbar. Im ehemaligen Lustgarten des Bankiers genießen heute Kinder und ihre Familien die erfrischende Natur am Stadtrand.

- Waldspielpark Louisa, Mörfelder Landstraße 265, 60598 Frankfurt
- ÖPNV: Tram 17, Haltestelle Stresemannallee/Mörfelder Landstraße (8 Minuten Fußweg); Bus 61, 78, Haltestelle Waldspielpark Louisa

Beste Lage

13 Der Wingert auf dem Lohrberg

Wer denkt bei Weinberg nicht an Sonne, Sommer, Gemütlichkeit und süffigen Wein? Ein bisschen Stimmung vom Fröhlichen Weinberg lässt sich auch in Frankfurt erleben. Am sonnenverwöhnten Hang am Lohrberg werden auf dem einzig verbliebenen Wingert im Stadtgebiet Rieslingreben angebaut. Liebhaber des Rebensaftes können den daraus gekelterten Wein im benachbarten Gartenlokal des MainÄppelHauses genießen und sich unter alten Walnussbäumen der Weinseligkeit hingeben.

„Ich war darauf weiter nach der Stadt zu gegangen und an den Röderberg gelangt, wo ich die Stufen, welche nach den Weingärten hinaufführen, an ihrem kalkweißen Scheine erkannte. Ich stieg hinauf, setzte mich nieder und schlief ein." Als Goethe diese Zeilen schrieb, gab es noch viele Weinberge in und um Frankfurt. Sie erstreckten sich vom Röderberg über den Bornheimer Hang, den Lohrberg und Berger Hang bis in den heutigen Main-Kinzig-Kreis. Schon 882 wurden in einer Urkunde „drei Huben Land mit Weinbergen" in Seckbach aufgeführt. Von diesem Weinbaugebiet ist ein 13.000 Quadratmeter großer Wingert am Lohrberg verblieben. Die kleinste und östlichste Weinlage des Weinanbaugebietes Rheingau gehörte bis 1802 dem Karmeliterkloster. Im Zuge der Säkularisation wurde das Kloster enteignet und seitdem baut die Stadt Frankfurt als Eigentümer an dem sonnenverwöhnten Hang einen trockenen Riesling aus. Seit 1994 ist das Weingut an die Winzerfamilie Rupp verpachtet, die jährlich rund 10.000 Flaschen Lohrberger erzeugt. In der Innenstadt wird der Wein in der Weinstube am Römer ausgeschenkt und als Flaschenwein verkauft.

Der Weinberg lässt sich auf einem kleinen Spaziergang umrunden oder durchqueren. Von der Promenade im Lohrpark ergeben sich malerische Ausblicke über das Rebenfeld und die dahinterliegenden Baumgruppen bis zur Skyline der Stadt. Mitten im Weinberg, der schon im Frühling die gespeicherte Wärme ausstrahlt, laden zwei Bänke zu einer glücklichen Auszeit zwischen den Reben ein.

- Wingert Lohrberg, Friedrich-Heyer-Weg, 60389 Frankfurt
- ÖPNV: Bus 30, Haltestelle Lohrberg/Heiligenstock (20 Minuten Fußweg); Bus M43, Haltestelle Atzelberg Mitte (19 Minuten Fußweg)

Ready for Take-off

14 Am Alten Flugplatz an der Nidda

Auf geht's und los. Mit Kind, Kegel und fahrbaren Untersätzen geht's zur Freizeit-Oase an der Nidda. Es gibt wohl keinen geeigneteren Ort, um das Fahren auf Inlinern, Rollern, Skateboards oder Fahrrad ohne Beeinträchtigung zu erlernen. Auf dem ehemaligen Flugfeld der US-Armee am Alten Flugplatz Bonames hebt kein Flugzeug und kein Hubschrauber mehr ab. Dafür bekommen die Freizeitsportler Flügel. Denn auf der 750 Meter langen Asphaltbahn kommen sie so richtig in Fahrt. Die Zuschauer und Ausflügler entspannen derweil unter den schattigen Bäumen der Liegewiese. Andere genießen Kaffee und Kuchen oder einen herzhaften Snack im Gartenlokal beim Tower Café. An sonnigen Tagen ist hier ziemlich viel los, denn neben der Rollbahn gibt es am Alten Flugplatz einiges zu entdecken und viele Angebote rund um die Natur. Ob Exkursionen durch die Feuchtbiotope, Veranstaltungen im Labyrinth oder Floßbau mit den Landschaftslotsen der Naturschule Hessen, für jeden ist etwas dabei. Spaziergänger und Radfahrer kreuzen das Gelände, das einen Brückenschluss zwischen Grüngürtel und Regionalpark darstellt. Sie kommen auf dem Nidda-Radweg oder wandern auf dem Hölderlinpfad von Bad Homburg zur Stadtmitte.

TIPP

Unbedingt nachfragen, ob das Waldlabyrinth geöffnet ist, und dort die eigene Mitte suchen.

Das Konzept und die Realisierung des Freizeitgeländes am ehemaligen Flughafen Anfang der 2000er-Jahre wurde viel gelobt und 2005 sogar mit dem Deutschen Landschaftsarchitekturpreis ausgezeichnet. Seitdem wurde und wird viel getan für dieses einzigartige Erholungsgebiet für Mensch und Tier. Die entsiegelten, aufgebrochenen Flächen rund um die Landebahn sind Lebensraum für unzählige Tiere und Pflanzen und ein einmaliger wilder Erlebnis- und Lernraum für alle Naturliebhaber. Zum Schluss erwartet die Verehrer von Friedrich Hölderlin noch eine originelle Begegnung mit seinem Werk. In den Boden der Brücke am Fluss sind Zeilen des Gedichtes „Andenken" geschrieben, welche sich im Wasser der Nidda spiegeln. Ein idyllischer Ort, an dem Landschaft und Poesie eine gelungene Symbiose eingehen.

- Alter Flugplatz Bonames, Am Burghof 55, 60437 Frankfurt
- ÖPNV: U2, Haltestelle Kalbach (11 Minuten Fußweg); Bus 27, Haltestelle Nordpark, (8 Minuten Fußweg), Ausschilderung Tower Café folgen

Kurparkfeeling

15 Im Bethmannpark

In den Beeten leuchten Sommerblumen um die Wette, Spazierwege unter alten Bäumen führen entlang der farbenfrohen Staudenrabatten. Aus den Mäulern der Fische auf der Sandsteinsäule plätschert Wasser in ein rundes Bassin inmitten der Blütenpracht. Menschen sitzen, lesend oder ins Gespräch vertieft, auf den knallrot lackierten Sitzgruppen unter der Pergola bei der alten Bruchsteinmauer. Rosenbeete, mit Geranien bepflanzt, Amphoren und Palmen geben ihnen Sichtschutz. Im tiefer gelegten Gartenteil konzentrieren sich Männer beim Freischach und vom Spielplatz neben der Orangerie schallt fröhliches Kinderlachen herüber. Auf den zahlreichen Ruhebänken genießen die Spaziergänger die Aussicht auf die gepflegten Wiesen und Rabatten und erfreuen sich der Ruhe, die der Bethmannpark den umgebenden hohen Mauern, immergrünen Gehölzen und alten Bäumen verdankt. Man könnte glauben, man sei in einem Kurpark, doch die Pflanzenvielfalt in den schmuck angelegten Beeten hat einen anderen Grund. Das Gelände, das die Stadt 1941 kaufte, wurde eine Dekade später als praktischer Ratgeber für Pflanzenfreunde angelegt. Zum Glück der Hobbygärtner finden noch heute dreimal wöchentlich Beratungstermine in der Orangerie statt. Das sanierte Gebäude, in dem auch die Kübelpflanzen überwintern, erstrahlt seit 2020 in neuem Glanz und ist ein gartenarchitektonisches Schmuckstück.

Der heutige Bethmannpark ist nur ein kleiner Rest eines großen Landschaftsparks, der mit dem Kauf eines Gartens durch die Bankiersfamilie Bethmann ihren Anfang nahm. Außerhalb der Festungsmauern legten sie das Anwesen im Rokokostil neu an und ließen ein prächtiges Gartenhaus bauen. Das Parkgelände wuchs mit der Zeit und wurde unter Simon Moritz von Bethmann zum englischen Landschaftspark umgestaltet. Der Bankier und Staatsrat wohnte bis 1826 in dem Landhaus, in dem er als Diplomat Persönlichkeiten wie Kaiser Napoleon, Zar Alexander I. und Kaiser Franz Joseph I. empfing.

- Bethmannpark, Friedberger Landstraße 8, 60316 Frankfurt
- ÖPNV: Tram 12, 18, Haltestelle Hessendenkmal; U4, Haltestelle Merianplatz (5 Minuten Fußweg)

Verstecktes Juwel

16 Der Carl-von-Weinberg-Park

Vom Stadtwald ist der Waldpark kaum zu unterscheiden und doch ist er eine separate Grünanlage mit eigenem Charakter und mit einer langen Geschichte. Von der Golfstraße, die bis zum nahegelegenen Golfclub führt und die auch als Rad- und Spazierweg genutzt wird, öffnet sich eine kleine Pforte zu einer großen Wiese und einem Spielplatz, der zu den sieben Waldspielplätzen in Frankfurt gehört. Der freie, lichte Platz inmitten des bewaldeten Areals zieht Spaziergänger und bewegungsfreudige Kinder gleichermaßen an. Rund um die Grünfläche warten Parkbänke auf die Ruhesuchenden. Eine junge Frau scheint zu studieren, eine ältere Dame lässt sich die Sonne ins Gesicht scheinen und im kühlenden Schatten der Bäume verliert sich ein Mann in Tagträumen. Die Kinder kommen meist erst am Nachmittag, um sich auf dem naturnahen Spielplatz an allerlei Spielgeräten auszutoben. Die große Wiese bietet sich zum Sonnen und Spielen an. Hunde sind im Spielbereich nicht erlaubt, das Grillen auf der Wiese ist verboten und Radfahrer müssen absteigen. Diese Regeln verhelfen dem Park zu einer ruhigen Atmosphäre.

Viele schöne alte Bäume sind entlang der Wege zu bewundern. Manche haben sich schon in der Zeit verwurzelt, als der Park zum Besitz der Villa Waldfried gehörte. Die Villa im englischen Landhausstil wurde 1898 von dem Frankfurter Industriellen Carl von Weinberg errichtet. In den etwa 100 Räumen des herrlichen Gebäudes fand auch die über 700 Kunstwerke umfassende Sammlung des Ehepaares Platz. Den Standort der Villa markieren heute der Spielplatz und die große Wiese, an deren Rand die Büste des Carl von Weinberg steht. Mit ernstem Blick schaut er auf den verlorenen Familiensitz, den er als Jude unter den Nationalsozialisten an die Stadt abtreten musste. Im folgenden Krieg wurde die Villa durch Bombenangriffe schwer beschädigt. Was blieb, sind ein Teil der Einfriedungsmauer, das Pförtnerhaus, die Spazierwege und der natürliche Charakter des Parks.

- Carl-von-Weinberg-Park, Flughafenstraße/Golfstraße, 60528 Frankfurt
- ÖPNV: S7, S8, Haltestelle Niederrad (18 Minuten Fußweg); S3, S4, Haltestelle Louisa (20 Minuten Fußweg); ab Südbahnhof Bus 61, Haltestelle Oberforsthaus

Logenplatz über dem Wasser

17 Im Enkheimer Ried

Nur an wenigen Stellen kann der Spaziergänger einen Blick auf den Riedteich erhaschen. Die Vegetation um den Teich, der durch Torfabstich im verlandeten Altarm des Mains entstand, schützt das Naturschutzgebiet vor ungebetenen Besuchern. Zwischen Weidengebüsch und Schilf können sich bedrohte Tierarten ungestört entwickeln: Enten, Gänse, Frösche und Kröten lieben die nasse Auenlandschaft. Hechte, Schleien und andere Fischarten sind Futter für die hier jagenden Kormorane und Graureiher. Mäusebussarde, Sperber und Habichte haben es auf die Spitz- und Erdmäuse abgesehen.

Das Naturparadies lässt sich auf einem 2,5 Kilometer langen Rundweg erkunden. Vom Nachtigallenweg am Südufer geht es auf einem naturnahen Waldweg zum Riedgraben am Tränkebach. Hier lädt eine Bank unter einer alten Eiche zu einer kleinen Pause und einem herrlichen Ausblick in die Auenlandschaft ein. Das Auge streift über die von Wald und Gebüsch eingerahmten Felder bis hin zu den Streuobstwiesen, die sich im Osten an das Naturschutzgebiet anschließen. Wer Lust auf einen kleinen Abstecher um die Schilfdickichte entlang des Tränkebachs hat, wird mit einem Vogelkonzert belohnt. Im Röhricht piepsen und zwitschern zahlreiche Vögel. 140 Arten wurden in den Gehölzen und Wiesen des Enkheimer Riedes gezählt. Auch eine Steinkauzpopulation fühlt sich hier zu Hause. Die zahlreichen Obstbäume der Streuobstwiesen im Riedgraben und dem sich anschließenden Berger Hang bieten mit ihren Höhlungen ideale Brutplätze für die Eulenvögel.

Nach dem Überqueren des Tränkebaches geht es auf dem Riedweg zurück zum Westufer des Teiches. Auf einer kleinen Anhöhe wartet ein besonderer Platz für Genießer: Von einer Bank lässt sich der gesamte Riedteich überschauen. Egal ob am Morgen der Nebel über dem Wasser aufsteigt, die Mittagssonne auf der Oberfläche glitzert oder in der Abendsonne die Vögel ihre Kreise ziehen, die Auenlandschaft am Riedteich ist immer ein lohnendes Naturschauspiel.

- Enkheimer Ried, Fritz-Schubert-Ring, 60388 Frankfurt
- ÖPNV: U4, Haltestelle Enkheim, dann Bus 42, Haltestelle Riedbad

Landleben hautnah

18 Auf dem Elisabethenhof

Obstbäume hängen voller Äpfel, Früchte reifen in Gewächshäusern und auf Feldern, Hühner gackern auf den Wiesen. Auch wenn Frankfurt als Bankenmetropole bekannt ist, arbeiten im Stadtgebiet nahezu 100 landwirtschaftliche Betriebe. Das ist gar nicht verwunderlich, denn die vorhandenen Lössböden sind sehr fruchtbar und das milde Klima bietet zudem beste Voraussetzungen für die Landwirtschaft. Der Großteil der Ackerflächen spannt sich am Fuß des Taunus wie ein Bogen um die Stadt. Von Sindlingen bis Niedererlenbach werden Getreide, Obst und Feldgemüse angebaut.
Ein Hof der besonderen Art wirtschaftet in Unterliederbach. Auf dem Elisabethenhof gibt es viel mehr als Obst, Gemüse und Eier. Gleich hinter der großen Toreinfahrt beginnt das bunte Landleben. Auf einer Obstwiese laden Sitzgelegenheiten zum Genuss des selbst gekelterten Apfelweins ein. Ein junges Paar sitzt im goldenen Sonnenlicht unter den Obstbäumen. Es kommt gerne in die grüne Oase wegen des leckeren Äpplers und der guten Laune der Mitarbeiter auf dem Hof. Diese vermittelt auch die freundliche Verkäuferin, die an dem kleinen Marktstand die hofeigenen Früchte verkauft. Es gibt immer das, was gerade wächst, das gehört zu dem Konzept der regionalen nachhaltigen Landwirtschaft, das der neue Besitzer des Hofes konsequent umsetzt. So wird Landwirtschaft auf dem Elisabethenhof erlebbar und das genießen die Kinder, die beim Hasenstall die Langohren streicheln oder mit dem Pferd über das Gelände traben können. Auf der Hühnerwiese scharrt das liebe Federvieh, während sich auf der Weide die Esel geduldig kraulen lassen. In den Obstwiesen, wo sich Apfelbäume – darunter viele alte Sorten – neben Kirschen, Mirabellen, Zwetschgen und Birnen aufreihen, bringen Bienen den Nektar in ihre Stöcke. Durch das Glas der Gewächshäuser leuchtet das Rot der Tomaten und in den Beeten wachsen Gemüse aller Art in wechselnder Fruchtfolge. So entspannt wie die schnurrende Katze auf der sonnigen Bank scheinen hier alle zu sein.

● Elisabethenhof, Schmalkaldener Straße 15, 65929 Frankfurt
● ÖPNV: RB12 Richtung Königstein, Bahnhof Unterliederbach (15 Minuten Fußweg); S1, S2, Bahnhof Höchst, dann Bus 12, Haltestelle Bahnhof Unterliederbach (15 Minuten Fußweg)

Aussicht auf Mainhattan

19 Rund um den Goetheturm

Sind wir in New York gelandet? Die Aussicht vom Goetheturm über den Stadtwald löst unweigerlich eine Assoziation mit der Ansicht der New Yorker Skyline aus, dem Blick von Süden über den Central Park. Im Vordergrund ein Meer aus Baumkronen und dahinter die Skyline im Licht der untergehenden Sonne. Der abendliche Dunst entrückt die Bankentürme und zaubert eine ganz besondere Atmosphäre. Der Blick vom 43 Meter hohen Aussichtsturm ist zu jeder Tages- und Jahreszeit spektakulär. Dafür erklimmen die Besucher gerne die 196 Stufen. Am südlichen Rand von Sachsenhausen, am Landwehrweg, wo im frühen 15. Jahrhundert der äußere Verteidigungsring der Stadt vollendet wurde, ragt der Turm weit über die Baumkronen und gibt den Blick auf das Maintal bis hin zum Taunus frei. Zu seinen Füßen dehnt sich nach drei Seiten der Stadtwald aus, zum Main hin setzt sich das Grün mit den Schrebergärten fort.

TIPP

Die stimmungsvollsten Eindrücke ergeben sich in den Morgen- und Abendstunden.

Der Goetheturm ist zu Recht ein Wahrzeichen der Stadt und ein beliebtes Ausflugsziel. Als der alte Turm 2017 einer Brandstiftung zum Opfer fiel, wurde auch ein Stück städtischer Identität zerstört. Schließlich gibt es schon seit 1867 an der Landwehr einen Aussichtsturm, auch wenn der erste Turm mit 22 Metern nur halb so hoch war. 1931, ein Jahr vor Goethes 100. Todestag, wurde der neue Holzturm auf den Namen des großen Dichters eingeweiht. Glücklicherweise kam nach dem Brand genug Geld zusammen, um den Holzturm wieder in seiner alten Form aufzubauen. Die Konstrukteure verwendeten für den neuen Turm Edelkastanie, Eiche und Edelstahl. Das machte den Bau sehr teuer, dafür wartungsfreundlicher. Ein Ausflug zum Goetheturm lohnt nicht nur wegen der Aussicht. Rund um den Turm lockt der Stadtwald mit Spazierwegen, einem großen Kinderspielplatz und einer Waldgaststätte. Ganz in der Nähe befindet sich die beschauliche Goetheruh. Auf einer Anhöhe liegt eine nachgebildete dorische Sandsteinsäule, deren Inschrift auf Goethes Faust Bezug nimmt. Fast so idyllisch wie in Arkadien!

- Goetheturm, Landwehrweg, 60599 Frankfurt
- ÖPNV: Ab Südbahnhof Bus 48, Haltestelle Goetheturm

Das Atmen der Bäume

20 Frischluft tanken im Höchster Stadtpark

Pflanz einen Baum / Und kannst du auch nicht ahnen
Wer einst in seinem Schatten tanzt / Bedenke Mensch: Es haben deine Ahnen / Eh' sie dich kannten / Auch für dich gepflanzt!

Der Spruch des Dichters Max Bewer (1861–1921), in einen Sandstein am Wegesrand eingraviert, stimmt mit dem Gedanken überein, den auch die Stadtväter Anfang des 20. Jahrhunderts hatten. Er ist heute aktueller denn je. Wachsende Industriestädte und ansteigende Bevölkerungszahlen ließen an der Wende zum 20. Jahrhundert die Anlage von grünen Erholungsorten in den Großstädten immer wichtiger werden. In Höchst ist es dem Bürgermeister Viktor Palleske zu verdanken, dass man heute im Stadtpark unter alten Bäumen flanieren und sich in ihrem kühlenden Schatten entspannen kann. Palleske ließ die Parkanlage zwischen 1908 und 1911 auf einem ehemaligen Sumpfgelände zwischen Sulzbach und Nidda anlegen. Der etwa 15 Hektar große Landschaftspark ist heute in das Grün der umgebenden Kleingartenanlagen und des Friedhofs eingebettet. Ein kleiner Spaziergang führt zum Naturschutzgebiet Höchster Wehr an der Nidda. Einen besonderen Reiz erhält der Höchster Stadtpark durch den großen Weiher, der von Wiesen und schattenspendenden Bäumen umgeben ist. Aus seiner Mitte steigt eine Wasserfontäne in den Himmel, Schwäne und Gänse suchen Zuflucht auf der kleinen Insel. Der Blick wird von einer Bogenbrücke angezogen, die sich zwischen Weiden und Birken malerisch über das Wasser spannt. Dem langgestreckten Gewässer schließen sich Lindenalleen an, die im Frühsommer ihren betörenden Duft verströmen. Spaziergänger flanieren auf den gepflegten Wegen, unter den ausladenden Baumkronen warten Bänke auf Ruhesuchende. Für Kinder ist vor allem der Kletterwald attraktiv. Zwischen den krummen geschälten Baumstämmen spannen sich Stege, Plattformen und Kletterseile. Rutschen, eine Rollsportfläche und die Wassermatschanlage ergänzen das Spielangebot. Eine nachhaltige Spielskulptur vor der Kulisse der alten Parkbäume.

- Höchster Stadtpark, Palleskestraße, 65929 Frankfurt
- ÖPNV: Tram 11, Haltestelle Zuckschwerdtstraße (6 Minuten Fußweg); S1, S2, Haltestelle Frankfurt-Höchst (11 Minuten Fußweg)

In der Rotunde

21 Der Pavillon im Huthpark

Wie ein riesiges grünes Wohnzimmer empfängt der Park am Hang des Berger Rückens seine Besucher. Seine Wände bestehen aus teilweise über 100 Jahre alten Eichen, Buchen und Linden, hinter denen der Lärm der Stadt verschwindet. Der Teppich ist eine sanft gewellte, teils gemähte, teils bunt blühende Wiese, auf der sich die Erholungssuchenden und Sonnenhungrigen ausstrecken. Die Freilaufwiese im nördlichen Bereich ist ein Paradies für Hunde. Ein breiter und teils von Alleen gesäumter Spazierweg rahmt die Wiesenfläche ein, auf der in den Randbereichen kleine Baumgruppen gepflanzt sind. Hier begegnen sich Jogger, Radfahrer, Spaziergänger und Nordic Walker. Sehr beliebt bei den Freizeitsportlern ist der Fitnessparcours, der sich nahe der Tennisplätze zwischen einer Gruppe von Platanen und Ahornbäumen befindet. Die Kinder kommen im Huthpark ebenfalls voll auf ihre Kosten. Der gut ausgestattete und gepflegte Spielplatz mit Spielhaus, Seilrutsche, Schaukeln und Wippen zieht große und kleine Kinder an. Auf dem angrenzenden Bolzplatz wird um jeden Ball gekämpft. Die Erwachsenen können derweil zu Tisch sitzen und die Geselligkeit und das Angebot des Café BERGstation genießen. Selbstverständlich gibt es in dem Pavillon am Rande der Wiese mehr als einen Tisch und diese sind gut belegt.

Der halbkreisförmige Pavillon, der 1929 im Stil der klassischen Moderne errichtet wurde, diente viele Jahrzehnte als Unterstand, Umkleide für den Sportunterricht von Schulkindern und als Betriebshof für die Parkpflege. Schon zur Bauruine verkommen, wurde er vor Jahren originalgetreu wiederaufgebaut. Das architektonische Kleinod steht unter Denkmalschutz und ist ein wirklich idyllischer Ort für eine erholsame Auszeit. Ob hinter den großen Glasfronten im Innenraum oder auf den Sommerterrassen, hier lässt sich entspannt sitzen und beim Frühstück, bei Kaffee oder Abendessen die Aussicht über den Park genießen. Die grüne Soße, ein Gedicht!

- Huthpark, Auerweg, 60320 Frankfurt
- ÖPNV: Bus 30, Haltestelle Unfallklinik; U4, Haltestelle Seckbacher Landstraße (14 Minuten Fußweg)

Unter goldenen Türmen

22 Am Hundertwasserhaus am Urselbach

Nichts erinnert mehr an die Zeit, als vor mehr als 300 Jahren die Kaltmühle den Kupferhammer am rasch dahinfließenden Urselbach antrieb. Auch von dem nachfolgenden Industriebetrieb, der sich im Laufe der Jahrhunderte im heutigen Mertonviertel ausbreitete, ist offensichtlich nichts mehr zu sehen. Wo 1982 die Heddernheimer Kupferwerke nach 129 Jahren ihre Tore schlossen, fließt der Urselbach heute durch ein modernes Stadtviertel und durch die Riedwiese seiner Mündung in die Nidda entgegen. In den vergangenen Jahren wurde der Bach naturnah umgebaut. Wiesen begleiten ihn, und seine Ufer sind mit typischen Auengehölzen wie Erlen, Eschen und Weiden bestanden. Das grüne und abwechslungsreich gestaltete Band durch das Gelände des ehemaligen Kupferhammers lockt Spaziergänger wie auch Familien mit Kindern an. Ein bequem ausgebauter Weg begleitet den Bachlauf und führt als Mühlenwanderweg bis nach Oberursel. Bänke laden zum Ausruhen ein, auf den Spielplätzen können Kinder ihrem Bedürfnis nach Bewegung und Begegnung nachkommen.

TIPP

Auf dem Mühlenwanderweg entlang des Urselbachs alte Mühlen und ihre Geschichten entdecken.

Am Ufer des Urselbachs erwartet die Ausflügler zudem ein architektonisches Highlight: die Hundertwasser-Kindertagesstätte. Das außergewöhnliche Gebäude wurde 1995 nach einem Entwurf von Friedensreich Hundertwasser eröffnet. Wie ein Märchenschloss grüßt das Haus schon von Weitem mit seinen goldenen Türmen. Kräftige Farben, organische und asymmetrische Formen, verschiedene Materialien und die Begrünung der Dachlandschaft sind Markenzeichen des Wiener Künstlers und Architekten. Das kunterbunte Haus ist umgeben von zwei öffentlichen Spielplätzen und den Wiesen am flachen Ufer des Urselbaches. Ein schmaler Altarm bildet kleine Inseln, die mit knorrigen Bäumen und dichtem Gebüsch bewachsen sind. Der Ort rund um die Kindertagesstätte ist ein wunderbarer Platz zum Spielen und Picknicken. Vor allem im Sommer, wenn die frische Luft vom Niddatal den Urselbach heraufweht, erkennt man den Wert der grünen Oase.

- Hundertwasser-Kindertagesstätte, Kupferhammer 93, 60439 Frankfurt
- ÖPNV: U1, U3, U8, Haltestelle Zeilweg (6 Minuten Fußweg); U2, Haltestelle Sandelmühle (7 Minuten Fußweg)

Kleine Auszeit

23 Im Park an der Bansamühle

War Goethe nun hier oder nicht? Gefallen hätte sie ihm sicherlich, die Bansamühle, Landhaus und gesellschaftlicher Treffpunkt im 18. Jahrhundert vor den Toren der Stadt Frankfurt. Seine Mutter und auch die Kaufmannsfamilien Brentano, Gondard und Willemer gehörten zum Gesellschaftskreis der Bansabrüder, das ist belegt. Die Bankiersfamilie hatte die Mühle 1766 erworben. Sie stand abseits der Stadt Neu-Isenburg, inmitten von Gemüsegärten, Wiesen, Weiden und Wäldern. Hier konnte man Mensch sein, frei und ungestört.

Gebaut worden war die Mühle am Luderbach 1705 von Andreas Löber, Baumeister des Grafen zu Isenburg-Offenbach. Sechs Jahre zuvor hatte er in seinem Auftrag die Siedlung Neu-Isenburg geplant. Sie sollte Zufluchtsort sein für die aus Frankreich geflohenen Hugenotten. Johann Philipp zu Isenburg-Offenbach, selbst bekennender Calvinist, schenkte den reformierten Protestanten Land, auf dem sie bauen, arbeiten und ihre Religion frei ausüben durften.

Die Felder und Gärten rings um die Mühle sind verschwunden, doch noch immer liegt das renovierte barocke Gebäude, heute Standesamt der Stadt Neu-Isenburg, im Grünen. Nach Norden schließt sich der Stadtwald an, nach Süden öffnet sich ein idyllischer Park. Die Wiesen rechts und links des Baches sind mit Baumgruppen durchsetzt. Bänke laden zum Ausruhen ein. Kinder vergnügen sich im Elfenturm oder am Wasserspielplatz. Drei hölzerne Männer grüßen vom Ufer des Teiches herüber. Bei genauem Hinsehen entpuppen sich die lustigen Skulpturen als Wildbienenhotel. Die südlich anschließende Erlenbachaue lädt zu einem kleinen Spaziergang ein. Vielleicht flattert zufällig ein Dunkler Wiesenknopf-Ameisenbläuling vorbei. Die Spezies mit diesem zauberhaften Namen gehört zu einer seltenen Schmetterlingsart und vielleicht schenkt sie uns ein paar märchenhafte Momente.

Die geometrisch-sternförmig angelegte Altstadt von Neu-Isenburg befindet sich übrigens nur fünf Minuten zu Fuß entfernt. Es lohnt sich!

- Bansapark, Am Bansapark, 63263 Neu-Isenburg
- ÖPNV: Tram 17, Haltestelle Neu-Isenburg/Stadtgrenze (10 Minuten Fußweg)

Savoir-vivre im Grünen

24 Im Bockenheimer Weinkontor

Hier ist immer was los. Kaum hat das Lokal seine Tore geöffnet, steigen schon die ersten Gäste die Treppen hinunter. Man muss schon genau hinschauen, um den Eingang zum Bockenheimer Weinkontor, das in einem Hinterhaus gelegen ist, zu erkennen.

Ein reich verziertes Metalltor führt in einen Hof, von dem es hinunter in einen uralten Keller geht. Die geheime Oase mit Weingut-Feeling zieht zum Feierabend Angestellte aus den umliegenden Büros, Messebesucher und viele andere Gäste an, die einen guten Wein in gemütlicher Atmosphäre schätzen. Normalerweise sind Keller düster und kalt, aber dieser ist warm und sogar grün. Denn hinter der ehemaligen Schmiedewerkstatt liegt ein traumhaft schöner Innenhof, der von einem grünen Blätterdach beschirmt ist. Der Hof ist liebevoll mit rosa, weißen und blauen Hortensien dekoriert. In großen Töpfen wachsen Blütenstauden und Blattpflanzen, an den Wänden klettert Efeu empor. Dieser lauschige Garten mit kleinen Tischen und Biergartenstühlen versprüht etwas vom französischen Savoir-vivre und lädt zu entspannten und genussreichen Stunden ein. Der Garten macht glücklich, glaubt die Besitzerin, weil die schlichte und gemütliche Atmosphäre im Gegensatz zu den sachlich modern gestalteten Büros steht und die Gäste hier den Stress des Tages hinter sich lassen können. Neben den etwa 50 verschiedenen Weinsorten aus deutschen und europäischen Weinregionen werden auch kleine selbst gemachte Speisen angeboten. „Wir kennen unsere Winzer und ihre Kellerarbeit", betont Frau Yazdani. „Für die Weine aus Regionen, in denen wir nicht selbst einkaufen, treffen erfahrene Kleinimporteure die Auswahl für uns."

Wenn die kalte Jahreszeit kommt, prasselt im urigen Kellerraum ein warmes Feuer im Kamin. Dann machen es sich die Besucher an den kleinen Sitzgruppen mit weichen Kissen gemütlich. Sie schauen durch die großen Fenster hinaus in den immer noch grünen Hof, in dem die Unerschrockenen weiterhin ihren Wein genießen.

TIPP

Am Wochenende unbedingt einen Sitzplatz reservieren!

- Bockenheimer Weinkontor, Schlossstraße 92, 60486 Frankfurt
- ÖPNV: Bus 32, 3, Tram 16, Haltestelle Adalbertstraße/Schlossstraße

Himmlischer Frieden

25 Im Chinesischen Garten im Bethmannpark

Glück ist das Einzige, was sich verdoppelt, wenn man es teilt, sagte Konfuzius, chinesischer Philosoph, vor über 2000 Jahren. Wer dieser Erkenntnis folgt, geht mit einem lieben Menschen in den „Garten des Himmlischen Friedens“ und genießt gemeinsam die Schönheit des Parks. Hohe Mauern bilden einen schützenden Rahmen um den stillen Garten mit fernöstlicher Atmosphäre. Er ist ein musterhaftes Beispiel eines chinesischen Gartens, der durch die Elemente Erde, Himmel, Steine, Wasser, Gebäude, Wege und Pflanzen eine Harmonie erzeugt, die zum Meditieren und Philosophieren einlädt. Schon die Eingänge in den kleinen Park versprechen eine Reise in eine andere Welt. „Frühlingsblumen Garten“ steht über dem Haupttor, das von zwei steinernen Löwen bewacht wird. Dahinter führen Brücken und Wege, auf denen wir gedanklich unsere Lebensetappen durchschreiten sollen, zu den verschiedenen Gartenelementen. Die „Brücke des halben Bootes“ lenkt den Besucher zum „Wasserpavillon des geläuterten Herzens“ am jaspisgrünen Teich. „Ein friedlicher und schöner Platz zum Ausruhen. In der Stille findet man Kraft zu neuem Denken“, so steht es an seiner Fassade. Entlang der „Galerie des Duftenden Wassers“ geht es zum Spiegelpavillon.

Die Zig-Zag-Brücke, die böse Geister fernhalten soll, leitet den Besucher über den Teich zum Wasserfall. Trittsteine fordern zur Achtsamkeit auf. Ein idyllischer Platz mit Aussicht ist der „Pavillon im schimmernden Grün“ auf dem kleinen Hügel. Verwunschen scheint das Mondtor mit Bambusgärtchen, das seitlich aus dem Garten hinausführt. Es wird von vier Fenstern eingerahmt, die mit taoistischen und buddhistischen Symbolen verziert sind. In diesem Garten, der von chinesischen Facharbeitern mit aus China importierten Baumaterialien angelegt wurde, spiegelt sich überall die Harmonie der Dinge. 1989 eröffnet, erhielt er im Gedenken an das Massaker auf dem Tian'anmen-Platz im gleichen Jahr den Namen „Garten des Himmlischen Friedens“.

● Garten des Himmlischen Friedens, Friedberger Anlage, 60316 Frankfurt
● ÖPNV: Tram 18, Haltestelle Hessendenkmal

Herrlich entspannend

26 Im Goldsteinpark

Der Gedenkstein am Eingang des Parks fällt sofort ins Auge. Er erinnert an Heinrich Siesmayer, dem man mit diesem Denkmal für die Gestaltung des Goldsteinparks dankt. Der Park für Gräfin Louise von Bose war die erste eigenständige Gartenanlage des Gartenkünstlers, nachdem er 1842 mit seinem Bruder Nicolaus und dem Vater die Firma Gebr. Siesmayer gegründet hatte. Heinrich, der bei Sebastian Rinz – 60 Jahre lang Frankfurter Stadtgärtner und u. a. für die Gestaltung des Anlagenrings verantwortlich – in die Lehre gegangen war, verband die Merkmale des englischen Landschaftsgartens, wie geschwungene Wegführungen, Teichanlagen, Gehölzgruppen, Blickachsen und Bodenmodellierungen, mit kleinteiligen und regelmäßigen Gartenteilen wie Blumenparterres und Teppichbeeten. Der Entwurf für die Gartenanlage der Gräfin ist bis heute im Goldsteinpark erhalten.
Der Name des Parks geht auf die Adelsfamilie Goldstein zurück, die hier im 14. Jahrhundert ein befestigtes Hofgut besaß. Nachdem Louise von Bose das Anwesen geerbt hatte, ließ sie 1845 das Gut von Grund auf modernisieren und beauftragte Siesmayer mit der Gartenanlage. 1909 verkauften ihre Erben das Gut an die Stadt Frankfurt, die infolge der Wirtschaftskrise zwischen 1932 und 1936 auf dem Areal in gemeinschaftlicher Arbeit mit den Siedlern Häuser mit Gärten und Ställen zur Selbstversorgung errichtete. Der Park blieb erhalten. 1975 wurde der landwirtschaftliche Betrieb aufgegeben und die meisten Gebäude abgerissen. Nur das ehemalige Herrenhaus im spätklassizistischen Stil blieb erhalten. Die grüne Oase inmitten der Stadtrandsiedlung ist mit ihren Spazierwegen, Ruhebänken und dem großen Spielplatz ein echter Ort der Entspannung. Die Terrasse des angrenzenden Restaurants lädt zu einer kleinen Stärkung ein und bietet zudem einen gemütlichen Ort, die Eindrücke der stimmigen Parkanlage mit ihren alten Bäumen und den hügeligen Wiesen in sich aufzunehmen.

- Goldsteinpark, Am Goldsteinpark, 60529 Frankfurt
- ÖPNV: Tram 12, Haltestelle Waldau (13 Minuten Fußweg)

Sport, Spiel und Erholung

27 Im Grüneburgpark

Wenn der Frühling Einzug hält, kommt Leben in den ausgesprochen beliebten Park im Westend. Dann bevölkern Spaziergänger und Jogger die Wege, die über eine Strecke von zehn Kilometern den weitläufigen Grüneburgpark durchziehen. Die zahlreichen Ruhebänke sind gut besetzt, auf den Wiesen sind Picknickdecken ausgebreitet, Federbälle fliegen durch die Luft. Naturfreunde genießen das Vogelgezwitscher in den alten Bäumen. Auf den fünf Spielplätzen lassen Kinder ihrem Bewegungsdrang freien Lauf.

Auch Geschichtsinteressierte finden ihr Glück im Grüneburgpark, der aufgrund seiner historischen Bedeutung als Gartendenkmal ausgewiesen ist. Auf dem Affensteiner Feld, das bis ins 19. Jahrhundert außerhalb der Stadt lag, befand sich ein Gutshof, den der Bankier von Bethmann-Metzler 1789 kaufte. Das als Grüne Burg bezeichnete Wohnhaus wurde zum Treffpunkt von Dichtern und Denkern. Auch Johann Wolfgang von Goethe schätzte die Lage und die Aussicht, die einen Blick über die Stadt und das Niddatal bis hin zum Taunus erlaubte. 1837 erwarb die Bankiersfamilie Rothschild den Besitz und ließ das prächtige Neue Palais zur Grünen Burg errichten und einen Park anlegen. Der Architekt Heinrich Siesmayer erweiterte ihn später zum englischen Landschaftsgarten.

1935 enteigneten die Nazis die Familie Rothschild. Der Park wurde der Öffentlichkeit zugeführt, im Palais ein Café eingerichtet. Die Lage des im Krieg zerstörten Gebäudes kennzeichnet heute ein rechteckiges Rosenbeet. Eine Stele erinnert an das Schicksal der Familie Rothschild. Von hier fällt der Blick nach Osten zu den goldenen Kuppeln der Georgioskirche, die hinter alten Kastanienbäumen im Sonnenlicht blitzen. Das Gotteshaus im byzantinischen Stil, auf den Mauern der ehemaligen Orangerie errichtet, ist von Kiefern und Eiben umgeben und verzaubert durch seinen mediterranen Charme. Ein reizender Ort für eine Erfrischungspause, mit Aussicht ins Grüne, ist das Park Café im klassizistischen Oktogon des Schönhof-Pavillons im Zentrum des Parks.

- Grüneburgpark, Grüneburgweg, 60232 Frankfurt
- ÖPNV: U6, U7, Haltestelle Westend

GEORGIOS

Im weißen Sand

28 Urlaubsfeeling am Niddastrand

Das bunte Segeltuch der Liegestühle und Sonnenschirme flattert im Wind, hoch am azurblauen Himmel ziehen ein paar Kumuluswolken vorbei. Kinder laufen barfuß durch den weißen Sand und füllen Eimerchen oder Förmchen. Währenddessen entspannen die Erwachsenen in den Liegestühlen und lassen sich von karibischen Klängen berieseln. Mit einem erfrischenden Getränk in den Händen, die Sonne im Gesicht und die nackten Füße im warmen Sand, fühlt es sich wie Urlaub an. Das fehlende Meer lässt sich mit ein bisschen Fantasie hinzuträumen. Am Niddastrand, unweit des kleinen Flusses, kann man den Alltag vergessen und die Seele baumeln lassen. Der aufgeschüttete Sandstrand mit Biergarten zwischen Pferdekoppeln und Weiden ist ruhig gelegen. Vom Nidda-Radweg her klingen hin und wieder Gesprächsfetzen der Radfahrer oder Spaziergänger ans Ohr, auf den sandigen Wegen sind die Hufschläge der vorbeitrabenden Pferde zu hören. Manchmal gibt es auch die Gelegenheit, den Reitern des Polo-Clubs beim Training zuzusehen. Dann rückt das Meer erst mal in weite Ferne.

Die große Sandfläche ist nicht nur für Müßiggänger attraktiv, sportlich Ambitionierte können sich zum Beispiel beim Beachvolleyball austoben. Für die Abkühlung danach steht eine Gartendusche zur Verfügung. Die Kinder vergnügen sich auf dem kleinen Spielplatz und im Planschbecken. Auch für das leibliche Wohl ist gesorgt. Neben verschiedenen Biersorten, Cocktails und Apfelwein gibt es Kaffee und Softdrinks. Auf dem Grill brutzeln Steaks, Würstchen und Grillkäse. Wenn der Abend kommt, wird es romantisch am Niddastrand. Wenn die Sommersonne hinter den Bäumen in den Nidda-Auen untergegangen ist, kommt die blaue Stunde und die Dunkelheit bricht herein. Dann werden Fackeln und manchmal auch ein Lagerfeuer angezündet. Spätestens jetzt ist die Illusion des Meeresstrandes perfekt und der Urlaubstag am Strand geht in eine karibische Nacht mit Musik und tropischen Cocktails über.

- Niddastrand, Oeserstraße 80, 65934 Frankfurt
- ÖPNV: S1, S2, Haltestelle Frankfurt Nied (10 Minuten Fußweg)

Schöfferhofer
BINDING

Ein Stück Stadtgeschichte

29 Auf dem Peterskirchhof

Eine kleine Auszeit gefällig? Nur 300 Meter von der quirligen Zeil entfernt liegt ein stiller grüner Ort, der von der Straße her kaum ins Auge fällt. Die kleine Oase an der Peterskirche ist von Mauern eingefriedet und lädt zu einer kurzen Rast und erstaunlichen Entdeckungen ein. Denn der Friedhof ist die älteste noch erhaltene christliche Begräbnisstätte Frankfurts. Hier ließen sich die Patrizierfamilien der Stadt Denkmäler für die Ewigkeit setzen. Auf dem Friedhof, der damals an die Mauern der Stadtbefestigung grenzte, wurden Familien begraben, deren Namen eng mit der Geschichte der Stadt verbunden sind. Auf einem Spaziergang entlang der in die Umfriedungsmauer eingelassenen Epitaphe sind berühmte Namen wie von Bethmann, Städel, Merian, Nestlé, du Fay und die anderer stadtbekannter Persönlichkeiten zu lesen. Die 200 noch erhaltenen Grabdenkmäler aus der Zeit des 16. bis 19. Jahrhunderts eröffnen einen Blick auf die Grabsteinkunst der Renaissance, des Barock bis hin zur Romantik.

Der 1452 eröffnete Friedhof wurde durch die wachsende Bevölkerung schließlich zu klein und 1828 aufgelassen. Seitdem finden die Toten ihre letzte Ruhe auf dem Neuen Friedhof an der Eschersheimer Landstraße. Der Peterskirchhof wurde von Stadtgärtner Sebastian Rinz als englischer Landschaftsgarten gestaltet und verwandelte sich so in einen Stadtpark. Durch Neubauten, Straßendurchbrüche und den Bau der neuen Peterskirche Ende des 19. Jahrhunderts schrumpfte der Kirchhof auf ein Viertel seiner ursprünglichen Größe. Vor einigen Jahren wurde das mittlerweile verwahrloste Gelände saniert, Grabdenkmäler restauriert und Staudenbeete angelegt. Auf zwei ganz besondere Gräber verweisen im Boden verlegte Bronzeplatten: das Grab der Familie Goethe, in dem der Vater des Dichterfürsten ruht, und die Grabstätte der Familie Textor, in dem die Mutter Goethes ihre letzte Ruhe fand. Nach der Entdeckungstour laden Parkbänke zu einer besinnlichen Pause ein.

- Peterskirchhof, Bleichstraße 33, 60313 Frankfurt, www.peterskirchhof.de
- ÖPNV: S1, S3, S6, U4, U5, Haltestelle Konstablerwache (9 Minuten Fußweg); Tram 11, 12, 18, Haltestelle Hessendenkmal (8 Minuten Fußweg)

Dichtern auf der Spur

30

Im Schlosspark in Bad Homburg

Der Landgräfliche Schlosspark in Bad Homburg ist wie der Kurpark ein beliebtes Ausflugsziel der Frankfurter in unmittelbarer Nähe ihrer Stadt und soll deshalb auch in diesem Buch eine Erwähnung finden. Zudem war er schon Ausflugsziel des großen Frankfurter Dichters Goethe, der sich im Schlosspark mit den Hofdamen und ihren Freundinnen und Freunden zum Gespräch traf. Die etwas versteckt gelegene kreisförmig gestaltete Schmuckpartie mit dem Gartenhäuschen unterhalb des Barockgartens ist ein wirklich idyllischer Ort für poetische Stunden und wird noch heute als Goethes Ruh bezeichnet. Die prachtvolle Gartenanlage kam sicherlich auch dem Schönheitssinn eines anderen Dichters entgegen, der 1804 beim Landgraf von Homburg eine Stelle als Bibliothekar annahm: Friedrich Hölderlin, Idealist und Philosoph, der am realen Leben scheiterte, konnte hier einmal ohne finanziellen Druck arbeiten.

TIPP

Das Schlossmuseum führt durch die Geschichte und Kunst der Jahrhunderte.

Auch für die heutigen Besucher ist der Schlosspark Inspiration und ein Ort zum Träumen und Erholen. Die romantische Gartenanlage liegt zu Füßen des Schlossberges, auf dem das barocke Residenzschloss thront, das Landgraf Friedrich II. im 17. Jahrhundert an der Stelle einer mittelalterlichen Hochburg errichten ließ. Der weiße Turm, Wahrzeichen von Bad Homburg, scheint über die Parkanlage, die Teil der Landgräflichen Gartenlandschaft ist, zu wachen. Eine Parklandschaft, die sich vom Kurpark bis zum Waldpark an den Hängen des Taunus zieht. Die Nachfahren des Landgrafen ließen den formalen Garten im 18. Jahrhundert in einen englischen Landschaftsgarten umgestalten, der Barockgarten vor dem Königsflügel und die angrenzende Orangerie blieben erhalten. Noch heute zeigt sich der Park als Ort der Gartenkunst und botanischen Vielfalt. Die gewundenen Wege laden zum Spazieren unter alten Bäumen rund um den romantischen Seerosenteich ein. Ruhebänke, verwunschene Ecken und kleine Attraktionen sind Orte der Erholung und Inspiration. Ein Garten voll Schönheit und Poesie!

- Schlosspark, Schloss, 61348 Bad Homburg
- ÖPNV: S5, Haltestelle Bad Homburg (15 Minuten Fußweg)

Heideträume

31 Die Schwanheimer Düne

Egal, ob die Nachmittagssonne durch die Bäume fällt, der Nebel die knorrigen Kiefern einhüllt oder Regen und Wind die Äste schütteln und noch tiefer herabdrücken, das Wäldchen in der Schwanheimer Düne besitzt etwas Magisches. Es liegt in einem 57 Hektar großen Naturschutzgebiet im Mainbogen, am Rande der Kelsterbacher Terrasse. Das Gebiet ist überschaubar, auf wenigen Spazierwegen bald erkundet und doch zieht es den Besucher immer wieder an. Das Wäldchen, das aus buschartigen Kiefern mit tief herabhängenden Ästen besteht, die in dieser Form nur am Meer vorkommen, erscheint zu jeder Tages- und Jahreszeit in einem anderen Licht und lässt die bizarren Bäume zu den malerischsten Bildern verschmelzen. Und wenn dazu auf den mageren Wiesen die Heidschnucken grasen, dann ist das romantische Bild perfekt. Selbst im Regen ist es ein Vergnügen, auf dem Bohlenweg, der die Besucher durch das Gebiet führt, zu spazieren, ohne den Lebensraum der Tiere und Pflanzen zu verletzen, oder unter den Bäumen zu verweilen und die Stille dieses besonderen Lebensraumes zu genießen.

Entstanden ist diese für das Binnenland seltene Landschaft vor rund 100.000 Jahren als nacheiszeitliche Aufschüttung des Urmains aus Kies und Sand. In der Folge entwickelte sich auf dieser Fläche ein Wald. Dieser streng geschützte Wald wurde vor etwa 200 Jahren nach einem Schädlingsbefall und nach Sturmschäden gerodet. Als 1811 die letzten Kiefern und Eichen fielen, wurden Kirschbäume gepflanzt, die in folgenden Trockenjahren aber wieder verdorrten – Waldsterben und Klimawandel des 19. Jahrhunderts. Nun hatte der Wind vollen Zugriff auf die Fläche, fegte die dünne Humusdecke hinweg und verwehte den freigelegten Sand zu einer Dünenlandschaft. Auf dem kargen Boden entwickelten sich Sand-, Wald- und Magerrasenflächen, die vielen seltenen Tier- und Pflanzenarten einen Lebensraum bieten. Auch die kleinen Seen, einst Kies- und Sandgruben, sind Schutzgebiete für gefährdete Vogel- und Amphibienarten.

● Schwanheimer Düne, Höchster Weg 70, 60529 Frankfurt

● ÖPNV: Tram 11, Haltestelle Bolongaropalast, dann Fähre nach Schwanheim oder Bus 51, Haltestelle Alter Friedhof Schwanheim; Bus 54, 55, 57, Haltestelle Mainberg

Der Garten der Prinzessin

32 Im Von-Bernus-Park

Eingezwängt zwischen mehrstöckigen Häusern und einer belebten Straße, nehmen die Passanten den nur 1,5 Hektar großen Von-Bernus-Park an der Schloßstraße kaum wahr. Kein Wunder, existiert das barocke Schlösschen, zu dem der Park einst gehörte, doch schon lange nicht mehr. Es war Wohnsitz der Prinzessin Henriette Amalie von Anhalt-Dessau. Von ihrem Vater wegen eines unehelichen Sohnes verbannt, kaufte sie 1753 im damaligen Dorf Bockenheim ein Gartengelände mit Herrenhaus. Sie wollte in der Nähe ihres Sohnes wohnen, der bei Pflegeeltern lebte. Die Adelsfrau erweiterte den Besitz und bewirtschaftete die großen Güter selbstständig und erfolgreich. Neben der Seidenraupenzucht produzierte sie Honig, Apfelwein, Obst und Gemüse. Das Herrenhaus ließ sie zu einem kleinen Schlösschen umbauen und den Garten in eine Barockanlage umwandeln. Nach dem Tod der Prinzessin im Jahr 1793 geriet das Schloss über verschiedene Besitzer in die Hände der Familie von Bernus, die Schloss und Garten die letzte Gestalt gaben. 1944 fiel das Gebäude einem Luftangriff zum Opfer. Die Stadt Frankfurt erwarb den größten Teil des Gartens und gestaltete ihn als öffentlichen Park.

Trotz seiner kleinen Fläche ist der Von-Bernus-Park eine wertvolle Oase im Betondschungel der Stadt. Die dichte Bepflanzung mit teilweise exotischen Bäumen wie dem Schnurbaum oder dem Schwarzen Maulbeerbaum, der an die Seidenraupenzucht der Prinzessin erinnert, sorgt für Sauerstoff und kühlenden Schatten an Sommertagen. Die Bewohner der Umgebung suchen den Park gerne für eine kurze Pause auf, für Kinder gibt es einen kleinen Spielplatz. Immer noch lässt sich auf dem Gelände die Architektur des englischen Landschaftsgartens erkennen, die durch malerische Eindrücke, geschwungene Linien, Baumgruppen, Gewässer und Sichtachsen eine natürliche Landschaft nachbilden möchte. Besonders reizvoll ist der kleine Teich, über den sich die Zweige der Bäume tief herabsenken. Eine kleine Zierbrücke vervollständigt das Idyll.

- Von-Bernus-Park, Schloßstraße, 60486 Frankfurt
- ÖPNV: S3, S4, S5, S6, Haltestelle Frankfurt-West (8 Minuten Fußweg); Bus 36, 50, Haltestelle Kurfürstenplatz

Weiß als Spiegel der Natur

33 Park der Villa Metzler

Der kleine Park am Mainufer ist mehr als ein grüner Ort für eine Atempause. Der Metzlerpark zwischen dem Museum der Weltkulturen und dem Museum für Angewandte Kunst zieht auch Architekturfans und Kunstliebhaber an. Strahlend weiß erhebt sich der Bau des Architekten Richard Meier zwischen dem Rasengrün und den riesigen, teilweise 200 Jahre alten Bäumen. Mitte und Anziehungspunkt an Sommertagen bildet der ebenfalls von Meier geschaffene Rundbrunnen, der von einer halbrunden Arkade umgeben ist. Das bodentiefe Wasserbecken ist mit Natursteinquadern besetzt, von denen der größte die Historische Villa Metzler, die mit dem Museum durch eine gläserne Brücke verbunden ist, symbolisiert. Von hier führt ein Weg in jede Himmelsrichtung durch den Park und zwischen Torbögen hinaus in die Stadt. Bei gutem Wetter ist der Garten eine beliebte Oase, um auf den Wiesen zu liegen, auf der Terrasse des Museumscafés zu sitzen oder die Füße ins kühle Nass des Brunnens zu strecken. Die Grünanlage vereinigt interessante Architekturbeispiele. Dominierend sind die klar gegliederten Raumkörper des Museums für Angewandte Kunst im funktionalen Stil der europäischen Moderne. Sie stehen in Spannung zur klassizistischen Villa Metzler, dem Schweizer Haus, das 1855 von Georg Friedrich Metzler als Gartenhaus erbaut wurde, und der Gründerzeitvilla des Museums der Weltkulturen. Die kleine Gartenanlage geht zurück auf den Privatgarten des Johann Peter Salzwedel, der 1802 am Main ein Landhaus errichten und als begeisterter Botaniker einen Garten mit heimischen und exotischen Bäumen anlegen ließ. 1851 ging das Anwesen in den Besitz des Bankiers Georg Friedrich Metzler über, der das Haus umbaute und den Garten in einen Rosengarten umgestalten ließ. Sein Bruder Wilhelm Peter war ein begeisterter Sammler zeitgenössischer Maler und Gründer des Kunstgewerbevereins, aus dem das Museum für Angewandte Kunst hervorging, dessen Garten uns zu einer grünen Pause einlädt.

TIPP

Auf der Terrasse des Restaurants Emma Metzler die kreative Küche mit Blick in den Park genießen.

- Metzlerpark, Schaumainkai 15, 60594 Frankfurt
- ÖPNV: U4, U5, Haltestelle Römer (9 Minuten Fußweg)

Wo die Nachtigall singt

34 Streifzug durch den Volkspark Niddatal

Viele kennen das Lied „Abendstille überall / Nur am Bach die Nachtigall“. Aber wer hat sie wirklich schon gehört? Eine gute Chance, den hinreißenden Harmonien der Nachtigall zu lauschen, besteht im April und Mai beim Nachtigallenwäldchen an der Nidda. Im Frühling kehren die Vögel aus Afrika zurück und finden im Vogelschutzgehölz im Volkspark Niddatal ein ungestörtes Brutgebiet. Ab 23 Uhr bis in die Morgendämmerung locken dann die Männchen ihre Weibchen mit Melodien an, die mal wehmütig und schluchzend, mal silberhell und trillernd klingen. Die Strophenvielfalt ist unvergleichlich in der Vogelwelt. Haben die Pärchen sich gefunden, singen sie gemeinsam auch tagsüber, um ihr Revier zu verteidigen. Wer den virtuosen Vortrag genießen möchte, lässt sich auf einer Bank oder den umgebenden Wiesen nieder.

Das 8300 Quadratmeter große Vogelschutzgebiet selbst darf nicht betreten werden und wird von einem Wall aus Totholz vor Störenfrieden geschützt. Der einstige Uferweg zwischen der Nidda und dem Wäldchen wurde 1993 zurückgebaut und das Areal der Natur überlassen. Die Nachtigallen sind nicht der einzige Grund für einen Ausflug in den Niddapark. Die 168 Hektar große Anlage, welche im Jahr 1989 die Bundesgartenschau beherbergte, ist nach dem Stadtwald die größte Grünfläche Frankfurts. Ihre ausgedehnten naturbelassenen Wiesen sind von kleinen Wäldchen und Streuobstwiesen durchzogen. Ein 24 Kilometer langes Netz aus breiten Wegen und schmalen Pfaden lockt Spaziergänger, Langläufer und Radfahrer gleichermaßen an. Dabei geht der Blick immer wieder über die Bäume zur Skyline der Stadt und nach Norden bis zum Feldberg. Der östliche Rand des Parks ist geprägt von einer Lindenallee, Spielplätzen und einem Wasserpark sowie Sport- und Kleingartenanlagen. Auch Gastronomiebetriebe und eine Boulebahn fehlen nicht. Einzigartig sind die Plätze mit monolithischen Stelen, die Blickachsen und Aussichtspunkte begleiten.

● Volkspark Niddatal, Am Ginnheimer Wäldchen oder Praunheimer Landstraße, 60488 Frankfurt

● ÖPNV: U9, Haltestelle Niddapark

Mineralwasser gratis

35 Am Selzerbrunnen im Niedwald

Zugegeben: Es riecht nicht gut und es schmeckt nicht gut, und doch gibt es Menschen, die regelmäßig zum Selzerbrunnen kommen, um sich das Mineralwasser abzufüllen, das aus einer Tiefe von 38 Metern emporsteigt. Das eisen- und chloridreiche Wasser mit hohem Schwefelgehalt plätschert leise aus dem Rohr eines steinernen Brunnens. Die Skulptur wurde 1939 von dem Bildhauer Franz Schranz gestaltet und besteht aus drei Sandsteinblöcken, die zu einem Quader aufeinandergesetzt sind. Das Mineralwasser tritt an einem wahrhaft grünen Ort zu Tage, denn der Brunnen liegt am Rande des Niedwaldes, unweit der Nidda und ihren Altarmen. Von der ruhigen Straße, die entlang der denkmalgeschützten Eisenbahner-Siedlung führt, sind es nur ein paar Schritte bis zum Selzerbrunnen. Dahinter öffnet sich eine kreisförmige Lichtung im Wald. Die steinerne Brunnenskulptur in dem bodentiefen Becken erscheint wie der Eingang zu einem Ritualplatz. Hohe Bäume, darunter viele alte Eichen, umstehen die Waldwiese und schaffen eine ruhige und spirituelle Atmosphäre. Vielleicht der Ort für eine Jogaübung, um die Verbundenheit mit der Erde, das Rauschen des Windes in den Bäumen und die Sonne im Gesicht zu spüren? Oder für eine Auszeit auf einer der Bänke, um nach einem kräftigen Schluck Mineralwasser zu einem ausgedehnten Spaziergang durch den Niedwald aufzubrechen? Spazierwege gibt es reichlich und von März bis Mai ist der Wald vom Duft und den Farben von Anemonen und Bärlauch erfüllt. Wer es ruhig mag, sollte am frühen Morgen oder am Abend an den Selzerbrunnen kommen, denn im Laufe des Tages finden sich bei gutem Wetter viele Kinder und ihre Begleiter ein, die den anliegenden Spielplatz ebenfalls als grünen Glücksort erfahren. An den Spielgeräten, im Sandkasten oder auf dem Bolzplatz können sie sich nach Herzenslust austoben. Das Wasser aus dem Brunnen, die schattigen Bäume sowie die Bänke und Sitzgruppen locken vor allem an heißen Sommertagen als Ausflugsort ins Grüne.

TIPP

Für Architektur- und Kulturfans bietet sich ein Spaziergang durch die angrenzende Eisenbahnersiedlung an.

● Selzerbrunnen, Vorm Wald, 65934 Frankfurt
● ÖPNV: S1, S2, Haltestelle Nied, (20 Minuten Fußweg); Bus 59, Haltestelle Neumarkt

SELZER
BRUNNEN

Hortus botanicus

36 Durch den Wissenschaftsgarten am Riedberg

Sie sehen aus wie riesige Schubladen, die aus dem grünen Hang herausgezogen wurden. Und sie tragen Beschriftungen, die anzeigen, was in ihnen aufbewahrt wird: mehr als 100 Arzneipflanzen, die der Lehre und Forschung an der Universität Frankfurt dienen. Die Idee zu diesem „Arzneischrank“ stammt von Robert Anton, Landschaftsarchitekt und Technischer Leiter des Wissenschaftsgartens am Riedberg. Mit großer Leidenschaft stellen er und seine Kollegen die Pflanzen auf Führungen durch den drei Hektar großen Garten vor.

Wo zuvor Obstwiesen, Äcker und Grünland den Riedberger Hang bedeckten, wurde 2014 der Wissenschaftsgarten als dritter Universitätsgarten, neben dem Palmengarten und dem Botanischen Garten, eröffnet. Etwa 10.000 Pflanzen aus aller Welt werden hier gehegt und dokumentiert. Die Faktoren, die im Wissenschaftsgarten für ein gutes Wachstum sorgen, sind zum einen die geschützte Lage am Südhang und zum anderen der nährstoffreiche Lösslehmboden mit hoher Speicherkapazität. In den unterschiedlichen Gartenbereichen untersuchen Wissenschaftler, wie sich Klimaerwärmung und Umweltverschmutzungen auf das Pflanzenwachstum auswirken und wie sich Gewächse auf kalkhaltigen, trockenen Standorten entwickeln. Die Glatthaferwiese und die Streuobstwiese geben Aufschluss über die Entwicklung der Artenvielfalt. Rechteckige Beete sind mit für die Lehre benötigten Pflanzen in systematischer Ordnung bestückt. Im oberen Bereich des Gartens, bei den Schattengärten und den öffentlich nicht zugänglichen Gewächshäusern, können sich die Besucher vom Rundgang erholen und die ganze Pracht genießen. Von den Sitzbänken zwischen bunten Blumen und Zitrusfrüchten eröffnet sich eine herrliche Aussicht auf die Gartenanlage und die Skyline der Stadt. Der Wissenschaftsgarten ist für alle Interessierten frei zugänglich (Öffnungszeiten beachten) und die kostenfreien Führungen und Veranstaltungen wie das Frühlingsfest sind für alle Naturfans ein Highlight.

TIPP

Zu den öffentlichen Führungen anmelden (jeden dritten Freitag im Monat)!

- Wissenschaftsgarten der Goethe-Universität, Campus Riedberg, Max-von-Laue-Straße 13, 60438 Frankfurt
- ÖPNV: U8, U9, Bus 29, Haltestelle Uni-Campus Riedberg; Bus 251, Haltestelle Geozentrum und Max-Planck-Institut

Morgenspaziergang

37

Im Naturschutzgebiet Berger Warte

Am Morgen, wenn die Sonne aufgegangen ist und der Tau auf den Gräsern glitzert, ist die schönste Zeit für einen Spaziergang am Berger Nordhang. Vom Parkplatz am Jüdischen Friedhof von Bergen-Enkheim lenkt ein Spazierweg nach Osten und entführt den Spaziergänger in eine reizvolle Naturlandschaft. Es geht vorbei an bunten Wiesenblumen und dichtem Gehölz, in das sichtbar die Spuren von Wildtieren führen. In den Zweigen singen die Vögel ihr Morgenlied und im Gras zieht eine dicke Weinbergschnecke ihre glänzende Spur. Bald sind die Streuobstwiesen erreicht, die das 29 Hektar große Naturschutzgebiet auf dem Berger Rücken charakterisieren. Es erstreckt sich von der Berger Warte, Frankfurts topographisch höchstem Punkt, entlang des Hanges oberhalb des Bad Vilbeler Waldes.
Wer sich Zeit nimmt, wird auf dem Spaziergang durch die Obstwiesen eine Vielfalt an seltenen Pflanzen und Tieren entdecken. Dabei fällt der Blick immer wieder über das Niddatal hinüber zum Taunus und in die Wetterau. Auf den Magerwiesen zu beiden Seiten des Weges biegen sich jetzt im Spätsommer die vollbeladenen Zweige der alten Apfelbäume. Holunderbüsche ranken zwischen Totholzbäumen. Sie schmücken sich mit prallen tiefschwarzen Früchten. Im Frühjahr dagegen sind die Wiesen von Schlüsselblumen übersät, der Duft von Bärlauch steigt in die Nase, und Orchideen wie Helm-Knabenkraut und Mücken-Händelwurz setzen zartrosa und purpurfarbene Tupfer in die Wiesen. Die Morgensonne lockt auch die Zauneidechse aus ihrem Versteck. Sie nippt ein paar Tautropfen, bevor sie ein Sonnenbad nimmt. Aufgewärmt und in Betriebstemperatur gebracht, wird sie dann auf die Jagd nach Käfern, Heuschrecken, Spinnen, Würmern und anderen Insekten gehen. Teilen muss sie die Speisen mit Vögeln wie Pirol, Neuntöter sowie Nachtigall und dem Grasfrosch, der als besonders bedroht gilt. Die geschützten Heckenstreifen und Magerwiesen sind für unsere Mitgeschöpfe ein kleines Paradies.

- Naturschutzgebiet Berger Nordhang, Bad Vilbeler Straße, 60389 Frankfurt
- ÖPNV: Bus 551, Haltestelle Berger Warte

Im Zauberreich

38 Der Brentanopark an der Nidda

„Ach Rödelheim, Du Juwel, wie soll ich Dich beschreiben! Du Zauberreich, geschaffen durch des Onkels feinen Geschmack und seine originelle Phantasie." Das schrieb Maximiliane von Arnim in einer Erzählung über ihren Aufenthalt bei ihrem Onkel Georg. Denn nicht ihr Vater Clemens von Brentano, der berühmte Schriftsteller, sondern sein Bruder Georg, der Finanzchef des Bank- und Handelshauses Brentano, hatte vor den Toren der Stadt einen romantischen Park am Ufer der Nidda geschaffen. 1808 begann Brentano die Entwicklung seines Landschaftsparks mit dem Ankauf eines Landhauses samt Garten und einem Badetempel. Er erweiterte das Areal durch Zukäufe auf 13 Hektar, ließ die Wiesen mit exotischen Bäumen und Baumgruppen durchsetzen und schuf somit idyllische Ausblicke in den Landschaftspark. Heckentheater, Lauben, Irrgarten, Musikpavillon und anderes wurden als typische Gestaltungselemente eingefügt. 1819 kaufte Brentano das jenseits der Nidda liegende Fachwerkhaus des Bäckermeisters Petri und ließ es im Stil eines Schweizer Chalets umbauen. Noch heute geben uns das Haus, heute Brentanomuseum, und der Garten mit dem über 250 Jahre alte Gingko biloba einen Eindruck von der Romantik der Anlage. An diesem Rückzugsort traf sich Brentano mit Dichtern und Denkern seiner Zeit, zu denen auch die Gebrüder Grimm oder Johann Wolfgang von Goethe gehörten.

1926 verkauften die Nachfahren das bereits geschrumpfte Anwesen an die Stadt Frankfurt, die es zu einem Volksgarten mit Spazierwegen, Liegewiesen, Schulgarten und einem naturnahen Flussschwimmbad, dem heutigen Brentanobad, umgestalten ließ. Trotz aller Veränderungen hat der Park sein idyllisches Gesicht bewahrt: Die uralten Bäume, das Petrihaus, die Sphinx-Skulpturen sowie das ehemalige Badehäuschen und Küchenhaus sind Reste einer vergangenen Pracht. Ein stilles Plätzchen für eine Rast bieten die Bänke im strahlenförmig angelegten Rosengarten beim Pavillon, ein architektonisches Zeugnis der Moderne aus dem Jahr 1931.

- Brentanopark, Rödelheimer Parkweg, 60489 Frankfurt
- ÖPNV: S4, S5, Haltestelle Frankfurt Rödelheim (14 Minuten Fußweg)

Stille Wasser

39 Rund um den Fechenheimer Waldsee

Machen wir es wie die Angler. Sie sitzen am liebsten am frühen Morgen am Ufer des Weihers und werfen ihre Angeln nach Hecht und Zander, Aal und Karpfen aus. Die Hobbyfischer genießen die Ruhe, wenn der Nebel noch über dem Wasser hängt und die Vögel im Wald ringsum ihre Lieder anstimmen. Das Privileg des Angelns bleibt den Mitgliedern des Angelsportvereins vorbehalten, die Ruhe und die morgendliche Stimmung können aber natürlich alle genießen. Entlang des Spazierweges rund um den Fechenheimer Waldsee laden Ruhebänke zum Erholen und Philosophieren ein. Das Gewässer ist von einem Mischwald aus Eichen, Buchen, Vogelkirschen, Erlen und Eschen umschlossen. Kleinere Gehölze wie Weißdorn und Faulbaum bilden zusammen mit Wildrosen und Brombeeren ein buntes Unterholz. Das Ufer ist von Gehölzen, Schilfrohr, Binsen und Schwertlilien gesäumt.

Naturliebhaber wie auch Romantiker verweilen gerne am Rand des Waldsees, der ein Refugium für Wasservögel ist. Ein Schwanenpärchen zieht anmutig über das Wasser, und aus dem Schilf tönt das Quaken der Frösche. Auf einem umgekippten Baum im Röhricht sitzt unbeweglich ein Graureiher und späht nach Beute. Trauerweiden spiegeln sich malerisch in der ruhigen Wasseroberfläche, Seerosen bilden rosafarbene Blütenteppiche. Eine kleine Insel dient als Brutgebiet und Rückzugsgebiet von Reptilien und Amphibien. Entlang des Weges ragen Totholzbäume wie Skulpturen in den Himmel. Mit ihren Strukturen schaffen sie Lebensräume für viele Tier- und Pflanzenarten. Ein Lehrpfad rund um den See informiert über Pflanzen, Tiere und Gesteine, die das Waldgebiet auf den sandigen und kiesigen Ablagerungen des alten Mainbetts charakterisieren. Der Kies ist auch der Grund für die Existenz des Weihers, der aus ehemaligen Kiesgruben entstanden ist. Die kleinen Tümpel wurden nach Aufgabe der Kiesgewinnung zu einer großen Fläche für Wasservögel ausgebaut – Ein Gewinn für die Natur und ihre Liebhaber, für Spaziergänger und Ruhesuchende.

- Fechenheimer Weiher, Wilhelmsbader Weg, 60386 Frankfurt
- ÖPNV: Tram 11, Haltestelle Mainkur (20 Minuten Fußweg)

Rund um die EZB

40 Der Hafenpark am Mainufer

Es weht ein frischer Wind im Osten. Man kann ihn spüren, sehen und genießen. Er kommt meist von Südwesten über den Main und schickt eine frische Brise zur Weseler Werft, der Ruhrorter Werft und zum Hafenpark. In den Grünanlagen, vor der spektakulären Kulisse der Europäischen Zentralbank, sorgen Flusswind, Verdunstungskälte und die Kaltluft der Grünanlage vor allem im Sommer für eine erfrischende Auszeit. Sanft wiegt der Wind auch die biegsamen Halme der künstlerischen Installation nahe der Deutschherrnbrücke. Das Kunstwerk gehört zu einer der neun Stationen der Klimaroute entlang des Mains und weist auf die Bedeutung von Frischluftschneisen hin.

Den Sportlern im Hafenpark kommt die frische Luft gerade recht. In der 2015 eröffneten Anlage mit viel Grün können sie allerlei Sportarten trainieren. Es stehen eine Skate- und Bikeanlage, Fußball-, Volleyball-, Basketball- und Badmintonfelder, Fitnessparcours, Kletterkugeln, Trampolins und Schaukeln zur Verfügung. Den lauen Wind genießen auch die Ausflügler auf der Terrasse und im Biergarten des nahen Restaurants an der Ruhrorter Werft. Das Lokal, das einen der alten Verladekräne in seine Architektur integrierte, lädt die Gäste zu einer kulinarischen Rast mit spektakulärer Aussicht ein. Wenn sich am Abend die Sonne senkt und Stadt und Fluss in ein romantisches Licht taucht, kann die Szenerie kaum schöner sein. Die Wiesen an der benachbarten Weseler Werft sind ebenso ein beliebtes Freizeitgelände mit Spielplatz, Bänken und Liegewiesen und Ort für das jährlich stattfindende Sommerfestival. Mit dem Bürgerpark kam auch frischer Wind in die Grünanlagen der Stadt. Nachdem die Großmarkthalle im Jahr 2003 in den Norden der Stadt umgezogen und die Hafenanlagen abgebaut waren, begannen die Planungen für eine Neugestaltung der Fläche. Die Markthalle wurde in den Neubau der EZB integriert und die Brachflächen in eine Mischung aus Naherholungsgebiet und Sportareal mit rauem, urbanem Charme verwandelt.

TIPP

Beim Sundowner auf der Terrasse des Restaurants Oosten den malerischen Sonnenuntergang erleben.

- Hafenpark, Mayfarthstraße, 60314 Frankfurt
- ÖPNV: U6, Ostbahnhof (10 Minuten Fußweg)

Entdeckerglück

41 In der Hölle über dem Wartweg

Mitten im ebenen Schwanheimer Wald führen auf einmal die Wege bergauf. Von der Langschneise geht es hinauf zur 17 Meter hohen Kelsterbacher Terrasse. Entlang dieser mit Eichen, Buchen und Kiefern bewaldeten Erhebung locken geheimnisvolle Hügel, Steine mit Buchstaben und Zahlen sowie Wegbezeichnungen wie Grenzschneise zu spannenden Entdeckungstouren. Die Terrasse zieht sich etwa acht Kilometer von Ost nach West durch den Stadtwald. Sie entstand während der letzten Eiszeit, als der Ur-Main Geröllmassen mit sich brachte, die bei späteren Absenkungen des Mains Terrassen bildeten. In der Folge wurden diese mit Erde überdeckt. Flugsande schufen Dünen. In diesem sandigen Untergrund fühlen sich Kiefern zu Hause, die mit ihrem Duft dem Wald einen Hauch von Süden geben. An der Oberkante der Terrasse verläuft die Grenzschneise, Teil eines uralten Handelsweges. In seiner Umgebung haben Archäologen Steinwerkzeuge, Pfeilspitzen, Beile, Feuersteine und andere Gegenstände aus der Stein- und Bronzezeit ausgegraben. Sie erzählen vom Alltag der Menschen, die hier vor Tausenden von Jahren lebten. Unter den Hügeln verbergen sich ihre Totenhäuser, mehr als 300 wurden entlang der Terrasse lokalisiert. An der Hölle (Halde) über dem Wartweg, dort, wo Unterschweinstiegs- und Grenzwegschneise sich queren, liegt eine Gruppe mit rund 60 Grabhügeln aus der Jungsteinzeit und Bronzezeit. Artefakte aus diesen Gräbern können im Schwanheimer Heimatmuseum bestaunt werden.

TIPP

Dem Wanderweg mit der Markierung Urne folgen und weitere historische Spuren im Schwanheimer Wald entdecken.

Noch etwas fällt auf entlang des Weges, der mit einer Urne markiert ist und als historischer Wanderweg durch den Schwanheimer Wald führt: die Grenzsteine. Sie stammen aus dem 19. Jahrhundert und trennten einst Schwanheim und das Herzogtum Nassau vom Gebiet der Stadt Frankfurt. So erklären sich die Buchstaben SF an der Südseite und S und HN an der Nordseite der Steine. Es gibt noch mehr zu entdecken, in diesem herrlichen und recht einsamen Wald im Süden der Stadt!

- Hügelgräber Wartweg, Grenzschneise/Unter Schweinstiegschneise, 60529 Frankfurt
- ÖPNV: Tram 12, Haltestelle Waldfriedhof Goldstein (15 Minuten Fußweg)

Auszeit am Schlösschen

42 Im Holzhausenpark

Gemütlich im Liegestuhl ein kühles Getränk genießen, im Ohr das Rascheln des Windes in den Blättern der mächtigen Bäume. Der Blick geht über die Wiesenflächen hinüber zu einem barocken Wasserschlösschen, das zwischen alten Eichen, Eschen und Buchen hervorschaut und von einem kleinen Weiher umgeben ist. Ein wahres Idyll für eine glückliche Auszeit. Der kleine, aber feine Holzhausenpark ist bei den Bewohnern des Frankfurter Nordend generationenübergreifend beliebt. Er bietet für alle etwas: einen großzügig angelegten Kinderspielplatz für alle Altersstufen, Liegewiesen, Ruhebänke und dazu ein Café mit gemütlichen Sitzgelegenheiten. Doch wie kommt ein Wasserschlösschen mitten in die Stadt?

Es ging aus einer Wasserburg hervor, die im Mittelalter zu einem etwa 30 Hektar großen Gutshof gehörte, der damals weit vor den Toren der Stadt lag, im Holzhausen Oed. Oede und einsam lag der landwirtschaftliche Betrieb der Patrizierfamilie Holzhausen, die bereits im 13. Jahrhundert nach Frankfurt kam und den Besitz 1501 erwarb. Die Holzhausens stellten übrigens im Laufe der Jahrhunderte der Stadt Frankfurt rund 70 Mal einen der beiden Bürgermeister. Im 18. Jahrhundert ersetzten sie die Burg durch ein Wasserschlösschen, das ihnen als Sommersitz diente. Von dem weitläufigen englischen Landschaftspark, der das Schloss im 19. Jahrhundert umgab, ist nur noch die kleine Grünfläche übrig geblieben sowie ein Tor, das heute seinen Sinn verloren hat. Es befindet sich am Ende der Kastanienallee, die von der Bogenbrücke des Schlösschens zum Oeder Weg führt und einst zur Umfassung des Anwesens gehörte. Der letzte Eigentümer, Adolph von Holzhausen, dessen Namen der Park trägt, schenkte den Park und das Schlösschen der Stadt Frankfurt. Ein Teil des Areals wurde bebaut, der verbliebene Rest 1913 als Volkspark eröffnet. Heute befindet sich im Holzhausenschlösschen der Sitz der Frankfurter Bürgerstiftung, die in den Räumen Konzerte, Lesungen und Ausstellungen veranstaltet.

- Holzhausenpark, Holzhausenstraße 68, 60322 Frankfurt
- ÖPNV: U1, U2, U3, U8, Bus 36, Haltestelle Holzhausenstraße

Ein Hauch von Süden

43 Ein Spaziergang im Nizza-Garten

Welche andere Stadt hat so viele Kilometer Grünanlagen entlang ihres Flussufers? Das grüne Mainufer ist nicht nur im Zentrum Treffpunkt und Erholungsort für die Menschen in der Stadt, bis nach Höchst und nach Offenbach zieht sich das grüne Band mit Spazierwegen, Parkanlagen, Gastronomie und Sportangeboten. Und welche andere Stadt kann sich rühmen, die artenreichste südländische Pflanzung Deutschlands im öffentlichen Grün zu haben? Sie liegt ganz zentral im Herzen der Stadt und lockt mit ihrem südländischen Flair die Besucher seit 1860 an den Main. Am so genannten Nizza-Ufer gedeihen Palmen, Bananen, Yuccas und viele andere subtropische Gehölze aus aller Welt. Der Garten wurde damals von Stadtgärtner Sebastian Rinz angelegt und von seinem Nachfolger Andreas Weber mit aus Übersee importierten Exoten bepflanzt. So entstand ein prachtvoller Uferpark, der die Flaneure an die Cote d'Azur erinnerte. Ein Heilbrunnen, der an der Stelle des jetzigen Restaurants stand, vervollständigte das mondäne Flair.

Das Nizza ist bis heute der am aufwendigsten gestaltete Uferbereich und ein wunderbarer Ort zum Entspannen. Das milde Mikroklima, das durch seine geschützte Lage mit Südausrichtung entsteht, und die exotischen Pflanzen versprühen Urlaubsatmosphäre. Hier lässt sich verweilen und die Zeit vertrödeln. Glückliche Momente unter Kastanienbäumen, die im Frühjahr mit ihren weißen und rosafarbenen Blüten bezaubern, dabei den Passanten und vorbeiziehenden Schiffen nachschauen. Ein Schwätzchen mit einem Banknachbarn oder die Aussicht auf das gegenüberliegende Museumsufer genießen. Durch die Platanenallee schlendern oder auf dem Balkon des Restaurants „Main Nizza" eine Stärkung zu sich nehmen. Der 2004 neu errichtete kubische Glasbau, in dem sich das Restaurant und ein Selbstbedienungslokal befinden, ist ein architektonisches Highlight an diesem grünen Glücksort, der Hobbybotaniker und Erholungssuchende immer wieder anzieht.

● Nizza-Garten, Untermainkai, 60239 Frankfurt
● ÖPNV: U4, U5, Haltestelle Willy-Brandt-Platz (6 Minuten Fußweg)

NEUSEHEN

Um die halbe Welt

44 Im Arboretum Main-Taunus

Weder Flugzeug noch Reisepass werden benötigt, um die Wälder Asiens und Amerikas kennenzulernen. Nur die Stadtgrenze Frankfurts ist zu überwinden, um im Arboretum in Schwalbach die Vielfalt der Bäume der nördlichen Hemisphäre bewundern zu können. Auf 76 Hektar werden in der Waldanlage verschiedene natürliche Baumgesellschaften vorgestellt. Man sollte sich etwas Zeit nehmen, um Nordamerika, Europa, Japan, China, Korea und Kleinasien zu durchstreifen oder die Wälder des Himalaya und des Kaukasus zu entdecken.

Mehr als 600 Baum- und Straucharten in 38 verschiedenen Wäldern sind im Arboretum verteilt. Sie dienen einerseits den Wissenschaftlern der Baumkunde zu Forschungszwecken und sollen Wald, Landwirtschaft und Naturschutz vernetzen. Andererseits soll auch die Naherholung nicht zu kurz kommen, auch wenn die Aktivitäten aus Naturschutzgründen begrenzt sind. Bequeme, gut ausgebaute Wege zwischen Wäldern, Streuobstwiesen, Weiden und Ackerland laden zu einem ausgedehnten Bummel durch die Welt der Bäume ein. Die Vielzahl der Formen, Farben und Größen der Bäume lässt den Besucher immer wieder staunen. Wem vom Lesen der Erklärungstafeln und Baumschilder der meist unbekannten Baumarten schwindlig geworden ist, kann sich auf den Bänken und Sitzbankquadern entlang der Spazierwege erholen.

Das Gelände, auf dem heute Bäume aus aller Welt einträchtig nebeneinanderstehen, war zwischen 1937 und 1945 ein ganz und gar nicht friedlicher Ort. Das damals noch größere Gelände war Fliegerhorst der deutschen Luftwaffe, später Flugplatz des amerikanischen Militärs und Lager für deutsche Kriegsgefangene. In den 1980er-Jahren begann das Land Hessen das Gelände zu sanieren und die frei zugänglichen 76 Hektar als Ersatz für die Erweiterung des Flughafens Frankfurt zu bepflanzen. Als Hoffnung auf Eintracht zwischen den Völkern wächst in „Asien" ein Friedensbaum. Er keimte aus einer Kastanie, die ein ehemaliger Kriegsgefangener aus Kiew in der Ukraine mitbrachte.

- Arboretum Main-Taunus, Am Weißen Stein, 65824 Schwalbach www.hessen-forst.de/arboretum
- ÖPNV: S3, S4, Bahnhof Eschborn, dann Bus 252, Haltestelle Camp Phönix

Mystische Versenkung

45 Im Tiefgarten des Bürgerparks

Sich versenken im wahrsten Sinne des Wortes, einfach mal abtauchen und die Welt um sich herum vergessen. Das ist möglich, und zwar mitten in der Stadt. Der Bürgergarten in der Eschenheimer Anlage wird eilenden Spaziergängern vielleicht gar nicht auffallen. Wer aber einen Blick über die Mauer hinter dem Philipp-Reis-Denkmal wirft, wird erstaunt sein. Der Tiefgarten ist ein kleiner, aber feiner Garten, der dem 18. Jahrhundert zu entstammen scheint. Zehn Stufen führen hinab in das stille Paradies, umgeben von roten Natursteinmauern und Terrassen. Tiefgärten oder Senkgärten gab es schon in Italien zur Zeit der Renaissance. Die Engländer nahmen die Idee im 19. Jahrhundert wieder auf, denn die Vorteile des Senkgartens lagen auf der Hand: Er gliedert die Gartenanlage und sammelt tagsüber die Wärme, die er am Abend nach und nach wieder abgibt. Von kalten Winden geschützt, entsteht so ein lauschiger und versteckter Ort, dessen Kleinklima zudem eine Oase für empfindliche Pflanzen schafft.

Ein Architektenpaar setzte 1982 diese Idee mit dem Bürgergarten um, nach dem Vorbild des früheren Du Fay'schen Gartens in der Taunusanlage. Hier unten hört man die Geräusche der Stadt kaum mehr, und die Bänke an der sonnenverwöhnten Nordostmauer laden zum Lesen und Träumen ein. Die bezaubernde Stimmung der barocken Anlage entsteht durch die Schönheit der halbkreisförmigen Beetanlage, die von Kieswegen unterteilt wird. Dazwischen sind Blumenamphoren und eine Sonnenuhr platziert. An der Nordseite schließt eine rosenberankte Pergola den Garten ab. Glanzstück des Gartens ist jedoch der herrliche Wandbrunnen mit einem Medusenhaupt und Groteskenköpfen. Er wurde aus Spolien des ehemaligen Palais Löwenstein erbaut. Seitlich des Brunnens führt eine Treppe auf höher gelegene Terrassen mit Bänken, Staudenbeeten und einem Laubengang. Von hier eröffnen sich weitere schöne Ausblicke auf den Bürgergarten.

- Tiefgarten, Eschenheimer Anlage, 60318 Frankfurt
- ÖPNV: S1, S2, S4, S5, S6, S9, Haltestelle Hauptwache (7 Minuten Fußweg); U1, U2, U3, U8, Haltestelle Eschenheimer Tor (3 Minuten Fußweg)

ÜBER 150
GLÜCKSORTE
EUTSCHLAND,
EUROPA
DER GANZEN
LT ENTDECKEN!

ueckstorte.droste-verlag.de

Glücksorte auf der ganzen Welt

In Amsterdam Klassikstars zum Nulltarif lauschen.
In Dublin zum Iren auf Probe werden.
In der Bretagne die kleinste Schafsrasse der Welt beobachten.
In Island zwischen den Kontinenten tauchen.
Glücksorte in Amsterdam
Glücksorte in der Bretagne
Glücksorte in Dublin
Glücksorte in Island
DROSTE

Hakuna Matata

46

Im Dschungel von Bonames

„Naaaants ingonyamamaaa bagithti babaaa“ kommt es einem spontan beim Anblick der Felsformation in den Kopf. Fast jeder kennt das Lied und den Königsfelsen, auf dem Mufasa seinem Sohn Simba sein zukünftiges Königreich zeigte. Einen Moment lang taucht dieses Bild aus dem Zeichentrickfilm „Der König der Löwen“ vor Augen auf, aber schnell verfliegt der Gedanke an die afrikanische Savanne. Zwischen Schilfrohr, Weiden und Birken sitzen keine Löwen auf dem Fels. Es sind nur Frösche, die sich auf den wie Felsen aufgetürmten Betonplatten niedergelassen haben. Sie schauen über einen Dschungel, der in Frankfurt seinesgleichen sucht. Das Schollenfeld am Alten Flugplatz Bonames ist ein einzigartiges Biotop, ein wilder Ort, an dem sich die Natur frei entfalten kann. Es ist kaum zu glauben, dass dieser Urwald noch keine 20 Jahre besteht. Er entwickelte sich, nachdem 2003 die Betonflächen des ehemaligen Flugplatzes der US-Armee aufgebrochen und umgestaltet wurden. Das Material wurde in unterschiedlicher Körnung wieder aufgebracht und abhängig von den Korngrößen entwickelte sich eine spezifische Vegetation. Am prächtigsten wuchsen die Pflanzen zwischen den kreuz und quer liegenden Platten, unter denen der Rohboden Nährstoffe und Feuchtigkeit bereithielt. Als zwei Jahre später auch die Entwässerung in die Nidda reduziert wurde, bildeten sich auf dem Areal zahlreiche Tümpel, in die schon bald Kröten, Frösche und andere Amphibien einzogen.

TIPP

Die Ranger der Naturschule machen Besucher mit den zahlreichen Krötenarten im Dschungel vertraut.

Schilf, Gräser, Wildkräuter, Sträucher und Bäume haben mittlerweile eine undurchdringliche Wildnis geschaffen. Die Experten des Senckenberg-Forschungsinstituts begleiten die Entwicklung von Flora und Fauna. Sie konnten bisher 260 Pflanzenarten zählen und viele Arten von Vögeln, Libellen, Falter, Käfer, Heuschrecken, Spinnen und Amphibien als Dschungelbewohner erfassen. Einige Arten sind wieder verschwunden, andere werden dazukommen. Was weiter so Spannendes im Dschungel passiert, erzählen die Experten der Naturschule bei ihren Exkursionen rund um den Königsfelsen.

● Alter Flugplatz Bonames, Am Burghof 55, 60437 Frankfurt
● ÖPNV: U2, Haltestelle Kalbach (11 Minuten Fußweg); Bus 27, Haltestelle Nordpark (8 Minuten Fußweg), Ausschilderung Tower Café folgen

Landpartie

47 Der Laupus-Hof in Massenheim

Ein Samstagsfrühstück auf dem Bauernhof ist doch mal eine echte Alternative zum Brunch im angesagten City-Café. Und wer mit dem Fahrrad ankommt, hat schon etwas für seine Gesundheit getan und entsprechend Hunger. Immer nur dem Nidda-Radweg folgen, am Harheimer Ried entlang und ab auf die Höhe zum Laupus-Hof. Inmitten der Felder, zwischen Kartoffeln, Weizen und Zuckerrüben, wartet das Hofcafé auf die Ausflügler. Auf den Hügeln über der Nidda weht meist ein frisches Lüftchen, was im Sommer als echter Erholungsfaktor punktet. Der Panoramablick geht über die Hügellandschaft der südlichen Wetterau hinüber zum Vilbeler Wald und zu den Erhebungen im Taunus. Ein friedliches Stückchen Erde, wie gemacht für einen entspannten Tag auf dem Land.

Bei schönem Wetter sitzen die Gäste im geschützten Garten der Vier-Seiten-Anlage unter schattigen Eichen. An der frischen Luft schmeckt das Frühstück doppelt so gut. In den Bäumen raschelt das Laub, von den Rosen- und Lavendelbeeten weht ein süßer Duft herüber. In den Balkonkästen leuchten die Geranien und vom Brunnen kommt ein sanftes Plätschern. Oleander und Bauernhortensien entlang der Hausmauern geben dem Garten einen fröhlichen Rahmen und schaffen echte Urlaubsatmosphäre. Ein kleiner Spielplatz sorgt für Unterhaltung der lieben Kleinen, so dass die Erwachsenen die Köstlichkeiten in aller Ruhe genießen können. Die angebotenen Produkte im Café wie auch im gut sortierten Hofladen kommen alle von Bauern aus der Region. Für Bauer Steffen Laupus hat jedes Produkt ein Gesicht. Es ist gut zu wissen, wo die Lebensmittel herkommen und wie sie produziert werden. Die Bauern veredeln ihre Produkte selbst und bieten sie als Speiseeis, Apfelwein, saure Gurken, eingewecktes Obst und Marmeladen, Handkäse, Gemüse und Soßenspezialitäten an. Ein absolutes Highlight ist der selbst gemachte Kuchen, der wie warme Semmeln weggeht. Der Laupus-Hof zwischen den Feldern ist ein echter grüner Wohlfühlort mit ehrlichen Produkten.

- Laupus-Hof, Harheimer Weg 100, 61118 Bad Vilbel, www.laupushof.de
- ÖPNV: S6, Haltestelle Berkersheim (30 Minuten Fußweg); S6, Bahnhof Bad Vilbel, dann Bus 65, Haltestelle Massenheim Hainstraße (Fußweg 9 Minuten)

Sagenhafte Wasserfee

48 Am Bach vom Mörderbrunnen

Ist es tatsächlich das Klagen der Wasserfee oder doch nur das unheimlich klingende Rufen des Käuzchens? Wer durch den Forst beim Mörderbrunnen streift, kann sich dem schaurig schönen Gefühl hingeben, dass in dem Brunnen noch immer die Fee sitzt, die den Tod ihres Liebsten beklagt. Tief im Stadtwald, nahe des Försterwiesenweihers, soll sich folgende Geschichte zugetragen haben: Eine wunderschöne Wasserfee lebte in einem dunklen Brunnen. Sie war verzaubert und konnte nur durch die Liebe und Treue eines Mannes erlöst werden. Ein junger Jäger verliebte sich in das zarte Wesen und versprach, ihr sieben Jahre treu zu bleiben, bis der Zauber gelöst sei. Die Fee schenkte ihm einen Ring mit einem leuchtenden Stein, der seinen Glanz verlieren sollte, sobald er untreu werden würde. Eines Tages wurden der Jäger und die Fee von einem üblen Burschen beobachtet, der sich ebenfalls in die Fee verliebt hatte. Er tötete den jungen Jäger und erzählte der Fee von der angeblichen Untreue des Geliebten. Als die Fee aber den blutrot verfärbten Stein des Ringes sah, wusste sie, was geschehen war, und erwürgte in ihrem Schmerz den Mörder des geliebten Mannes. Bis heute soll ihr Klagen und Jammern in mondhellen Nächten zu hören sein.

TIPP

Dem Eichenblatt auf dem 6,5 Kilometer langen Rundweg und Waldlehrpfad Weilruh folgen.

Dieser Sage möchte man im märchenhaften Wald am Försterwiesenweiher gerne Glauben schenken. Durch das Blätterdach der alten Buchen und Eichen fällt zart das Sonnenlicht. Die Strahlen malen Punkte auf den Waldboden und tanzen auf den Gräsern und Blüten. Am Ufer strecken die Bäume ihre weiten Äste aus und spiegeln sich im Wasser. Mit viel Fantasie erstehen Waldgeister aus dem moosbewachsenen Totholz im Erlenbruchwald. Die Bänke am Uferweg laden zum Träumen ein, und auch die angrenzende Försterwiese ist ein romantischer Ort zum Verweilen. Im 18. Jahrhundert gehörte diese Wiese, die auch dem Weiher seinen Namen gab, den amtierenden Förstern, die sich hier zur Aufbesserung ihres Gehaltes zwei Kühe halten und Heu machen durften.

- Bach vom Mörderbrunnen, Beckerweg, 60599 Frankfurt
- ÖPNV: Ab Lokalbahnhof Bus 48, Haltestelle Goetheturm (40 Minuten Fußweg); Tram 17, Haltestelle Neu-Isenburg/Stadtgrenze (22 Minuten Fußweg)

Die Bio-Location

49 In der Schoppenwirtschaft am Steinberg

Wie im Paradies! Das ist unser erster Gedanke beim Betreten des Apfelgartens auf dem Obsthof am Steinberg. Nur dass Eva hier keine Äpfel pflückt, um Adam zu verführen. Vielmehr werden die Gäste im Schoppengarten in Nieder-Erlenbach durch die leckeren Apfelgetränke verführt, die Andreas Schneider und sein Team aus den Bio-Äpfeln keltern. Neben dem Hausschoppen gibt es Apfelweine mit verlockenden Namen wie Goldparmäne mit Karcherbirne, Jonagold oder Boskoop mit Weinbirne. Die schmecken herrlich fruchtig und vollmundig! Wer kann da widerstehen? Das gute Stöffche geht gleich im Bembel mit zum Tisch.

In langen Reihen sind die Gartentische und Bänke auf der Wiese zwischen den knorrigen Apfelbäumen aufgestellt. Weit weg von der Stadt, umgeben von fruchtbehangenen Obstbäumen und Blumenwiesen, genießen die Gäste das ländliche Idyll und die regionalen Produkte, die hier angeboten werden. Nicht nur die Getränke, auch die bodenständigen Gerichte werden aus biologischen Erzeugnissen zubereitet. Der einzige familiengeführte Bio-Obsthof in Frankfurt ist seit 1994 als kontrolliert-biologischer Betrieb zertifiziert. Auf 16 Hektar werden 250 Obstsorten, vor allem Äpfel und Erdbeeren, kultiviert. Viele historische und vom Aussterben bedrohte Apfelsorten haben auf dem Hof eine Heimat gefunden. In den naturnah bewirtschafteten Obsthainen fühlen sich auch seltene Tierarten wie der Steinkauz wohl, Rehe schätzen sie als Kinderstube. Für Menschenkinder ist der Obsthof ebenfalls ein kleines Paradies. Sie vergnügen sich auf dem kleinen Spielplatz und streifen auf Entdeckungstour durch den Apfelgarten. Für den natürlichen Genuss zu Hause können sich die Gäste im Hofladen mit Getränkespezialitäten und frischem Obst eindecken. Vom Hof führen zudem zahlreiche Wege durch die umliegenden Felder und Obstplantagen und laden ein zu schauen, was die Erde hervorbringt und was die Bauern leisten! Welch ein Glück!

TIPP

Eine Decke mitnehmen und sich eine Pause auf der Picknickwiese des Obsthofs gönnen.

● Obsthof am Steinberg, Am Steinberg 24, 60437 Frankfurt
www.obsthof-am-steinberg.de
● ÖPNV: U2, Haltestelle Niedereschbach, dann Bus 29, Haltestelle Nieder-Erlenbach Schule (10 Minuten Fußweg)

Obsthof
am Steinberg
hassia

Die Königin der Blumen

50 Im Rosengärtchen am Röderberghang

Rosen sind meine Leidenschaft und daher gehören Rosengärten zu meinen persönlichen grünen Glücksorten. Einer ist das Rosengärtchen am Röderberghang. Während anderswo Rosenbeete wegen der aufwendigen Pflege in öffentlichen Grünanlagen verschwinden, entstand in den letzten Jahren am Röderberghang ein zauberhaftes Rosarium. Von Juni bis August verwandeln rund 150 Rosenstöcke das kleine Areal am Hang in ein duftendes Blütenmeer. Dann wetteifern die weißen und blassrosa Blüten der Strauchrosen mit dem leuchtenden Gelb und kräftigen Rot der Beetrosen. Dazwischen gießen Rosenstämmchen fontänenartig ihre dicht gefüllten Blüten aus. Entlang der mit Immergrün eingefassten Rosenbeete lädt ein Pergolaweg zum Flanieren ein. Die Stützen des lichten Schattendaches geben auch den Trieben der Kletterrosen den nötigen Halt. Die Ruhebänke unter den rankenden Glyzinien und Klettertrompeten geben den Spaziergängern Gelegenheit, die Farbenpracht und den Duft der Blumen zu genießen.

Rosen sind seit mehr als 150 Jahren mit Frankfurt eng verbunden. Wurden die Exoten aus fernen Ländern zunächst in England und Frankreich vermehrt und gezüchtet, kamen sie 1868 mit Heinrich Schultheis in die nahe gelegene Wetterau. Nachdem er in England in die Geheimnisse des Rosenanbaus eingeführt worden war, gründete er in Steinfuhrt die erste Rosenschule auf deutschem Gebiet. Im gleichen Jahr wurde der Palmengarten ins Leben gerufen mithilfe einer privaten Initiative, die den Pflanzenschatz aus dem Biebricher Schloss und damit auch 2000 Rosenstöcke übernahm. Diese bildeten den Grundstock für den ersten Rosengarten, der von Lauben, Pergolen und Sitznischen umrahmt war. Einer privaten Initiative hat auch das Historische Rosengärtchen seine Existenz zu verdanken. Zusammen mit den Anwohnern setzten Mitglieder des R.V. Kleingärtner Frankfurt Rhein-Main das völlig verwilderte Rosarium aus den 1930er-Jahren wieder instand. Seitdem blüht und duftet die Königin der Blumen zur Freude aller Rosenfreunde.

TIPP
Einen kurzen Spaziergang entfernt liegt der zauberhafte Bürgergarten im Ostpark.

- Rosengärtchen am Röderberghang, Röderbergweg 239, 60385 Frankfurt
- ÖPNV: Tram 12, Haltestelle Eissporthalle/Festplatz (5 Minuten Fußweg)

Kleine Stadtoase

51 Der stille Sommerhoffpark

Hier soll ein Park sein? Man muss schon genau hinschauen, um zwischen den Gewerbegebäuden und Schulen entlang der wenig einladenden Gutleutstraße den Zugang zum Sommerhoffpark zu finden. Ein schmales Tor zeigt den einzigen Eingang zu einer grünen Oase, die keiner hier vermutet. Der Kontrast könnte größer kaum sein. Eben noch zwischen Asphalt und Betonburgen und nun in einem idyllischen kleinen Park mit herrlichem Baumbestand. Es geht ruhig hier zu, ältere Damen und Herren aus dem angrenzenden Seniorenheim spazieren gemächlich auf den Wegen. Ein junges Paar strebt dem Mainufer zu, um sich auf einer der Sitzbänke entlang der Promenade niederzulassen. Ein idyllischer Ort zwischen Rosensträuchern, von denen sich die vorbeiziehenden Schiffe oder die Wasservögel am Main beobachten lassen. Jenseits des Mains setzt sich das Grün am gegenüberliegenden Ufer fort. Dort liegt zwischen Bäumen und Sträuchern das Licht- und Luftbad in Niederrad. Von den erhöhten Plattformen an beiden Seiten des Parks lässt sich die Szenerie noch schöner überblicken. Die Aussichtspunkte mit ihren schmiedeeisernen Gittern sind die Überreste der Umfassungsmauer eines Anwesens, dessen Park am Ufer des Mains lag. Der Park im englischen Landschaftsstil gehörte zu einem Sommersitz, den sich der Bankier Johann Noë Gogel II. Anfang des 19. Jahrhunderts vor den Toren der Stadt errichten ließ. 1883 erwarb die Familie Sommerhoff die prächtige Anlage, erweiterte den Park, pflanzte fremdländische Bäume und baute Gewächshäuser für empfindliche Exoten. Die private Gartenanlage wurde nach dem Erwerb durch die Stadt Frankfurt im Jahr 1928 in einen öffentlichen Park mit Freizeit- und Spielangeboten für Kinder und Jugendliche umgewandelt. Das Herrenhaus wurde im Zweiten Weltkrieg zerstört, an seiner Stelle steht das Seniorenheim, dessen Bewohner die kühle Frische unter den alten Bäumen, darunter über 170 Jahre alte Platanen, genießen.

- Sommerhoffpark, Gutleutstraße 315, 60327 Frankfurt
- ÖPNV: S4, S5, Haltestelle Galluswarte (14 Minuten Fußweg); Bus 37, Haltestelle Johanna-Kirchner-AHZ

Barockes Vergnügen

52

Der Staatspark Wilhelmsbad in Hanau

Nicht mit der Pracht der Kuranlagen in Bad Homburg zu vergleichen und dennoch ein nicht minder schönes Ausflugsziel in Frankfurts Nachbarschaft: Der Staatspark Wilhelmsbad ist eine einzigartige Gesamtanlage, die noch weitgehend im Zustand des 18. Jahrhunderts erhalten ist. So fühlt man sich beim Betreten des Parks in eine Vergangenheit versetzt, als Fürsten, Könige und Kaiser sich hier erholten und amüsierten. In heiterem Pastellgelb und Weiß reihen sich die ehemaligen Kurgebäude im spätbarocken Stil entlang der Promenade. Sie teilen den Park in einen vorderen Bereich mit allerlei Staffagen und in einen nördlichen Teil im Stil eines englischen Landschaftsgartens. Was man sich damals nicht alles zum Vergnügen der Gäste ausgedacht hatte! Ein Spielplatz mit Schaukeln, Bootsteich, Schießbahn und schattige Esplanaden, die zum Spazieren einluden. Zudem gab es ein Freilufttheater, kleine Boutiquen und ein Karussell, auf dem sich Pferde und Kutschen wie von Geisterhand bewegten. Das 1779 erbaute restaurierte Karussell dreht auch heute ab und an seine Runden. Es gibt einen Fahrplan und Führungen! Beim Spaziergang durch den zauberhaften Park warten noch andere Überraschungen, wie eine künstliche Ruine, die dem Landesherrn als Wohnsitz während seiner Kur diente und deren Innenräume zu besichtigen sind. Die gewundenen Wege führen durch Wiesen und Wäldchen, zu kleinen Hügeln und Schluchten und bieten immer wieder neue malerische Ausblicke.

TIPP

Erkundigen, ob das historische Karussell fährt (www.karussell-wilhelmsbad.de)!

Auch wenn Wilhelmsbad, in den 1770/80er Jahren von Erbprinz Wilhelm IX. von Hessen-Kassel erbaut, wegen der unzureichenden Heilwasserqualität bald an Bedeutung verlor, blieb es dank seiner idyllischen Lage und dem Bau der Eisenbahnlinie ein beliebter Ausflugsort für die Frankfurter. Zu einer kulinarischen Stärkung lädt die Gastronomie im historischen Gebäude der Kleinen Wirtschaft von 1785 ein. Der Minigolfplatz nebenan ist zwar kein barockes, aber ein unterhaltsames Vergnügen.

- Staatspark Wilhelmsbad, Parkpromenade, 63454 Hanau www.wilhelmsbad-erleben.de
- ÖPNV: RB58, Hanau Wilhelmsbad Bahnhof

In Pflanzen schwelgen

53 Der Botanische Garten

Dass Gärtnern glücklich macht, das bestätigen zwei Profis, die im Botanischen Garten mit der Pflege ihrer Beete beschäftigt sind. Eine junge Gärtnerin ist dabei, einige Ausreißer aus einem Kalkbeet wieder an ihren angestammten Platz zu versetzen. Ein gestandener Gärtner, der mit seinem Strohhut an Vincent van Gogh erinnert und seit 40 Jahren seiner Leidenschaft berufsmäßig nachgeht, beendet soeben seine Arbeit im Arzneigarten. Insgesamt 13 Hochbeete mit 140 Heilpflanzen, die nach ihrer jeweiligen Verwendung geordnet sind, müssen gepflegt und gewässert werden.

Die Besucher des Parks können zwar hier nicht gärtnern, aber bei einem Spaziergang durch den Garten mit seinen 5000 Arten aus Europa, Asien und Amerika glückliche Stunden verbringen. Die stille Oase, in der die Ruhe und der Schutz der Pflanzen im Mittelpunkt stehen, strahlt eine zauberhafte Atmosphäre aus. Eine naturnahe Gestaltung lädt zum Spazierengehen und Betrachten ein. Die nach Geografie und Bodenbeschaffenheit geordneten Gartenbereiche führen in immer neue Welten. Im Alpinum kommt Urlaubsstimmung auf, wenn entlang der aufsteigenden Pfade zwischen Felsen die Küchenschelle und das Bergfingerkraut um die Wette leuchten. Bezaubernd ist der Erlenbruch, durch den sich ein Bach, begleitet von Buschwindröschen, Bärlauch und Osterglocken, schlängelt. Der lichte Kiefernwald wiederum versprüht einen Hauch von Süden.

Der Garten wurde 1763 von der Dr. Senckenbergischen Stiftung beim Eschersheimer Turm angelegt und stand vorwiegend der Medizin zur Verfügung. 1907 aus Platzmangel auf einen Teil des heutigen Palmengartens verlegt, wurde er einige Jahre später an die Goethe-Universität übergeben, die ihn zur Forschung und Lehre nutzte. Auch der nun doppelt so große Garten wurde irgendwann zu klein, und 1930 erfolgte der Umzug auf das heutige, acht Hektar große Gelände, das Teil des Grüneburgparks war. Seit 2012 ist der Botanische Garten in Trägerschaft der Stadt Frankfurt und dem Palmengarten angegliedert.

TIPP

Gegen eine Spende werden Topfpflanzen am Eingang Siesmayerstraße angeboten.

- Botanischer Garten Frankfurt, Siesmayerstraße 72, 60323 Frankfurt www.botanischergarten-frankfurt.de
- ÖPNV: U6, Haltestelle Westend; Bus 75, Haltestelle Siesmayerstraße; Bus 32, Haltestelle Botanischer Garten

Kleine Atempause

54 Kunst und Romantik im Rothschildpark

Eben noch mitten im lauten Treiben und nun, ein paar Schritte weiter, in einer Oase der Ruhe. Wer den Verkehrslärm rund um die Alte Oper hinter sich lassen will, findet hinter dem Opernturm eine kleine, hübsche Grünanlage. Der Rothschildpark ist keine Touristenattraktion, aber ein grüner Ort zum Durchatmen. Der wohl schönste Platz liegt nahe des Rings der Statuen unterhalb des neugotischen Ruinenturms. Von einer mächtigen Platane beschirmt, laden Parkbänke zum Ausruhen und zum Betrachten der Bronzefiguren von Georg Kolbe ein. Die sieben überlebensgroßen Aktdarstellungen, zwischen 1933 und 1947 entstanden, stehen im Kreis um eine Vertiefung. Sie verkörpern das klassische Ideal des beseelten schönen Körpers: die Hüterin, das junge Weib, die Amazone und die Auserwählte sowie der Herabschreitende, der stehende Jüngling und der Sinnende. An der Platane vorbei führt ein Weg bergan zu einem neugotischen Turm, der im 19. Jahrhundert als typisches Element eines englischen Gartens gebaut wurde. Der romantische Turm mit Bogendurchgang, eingerahmt von dichtem Gebüsch und mächtigen Ahorn- und Kastanienbäumen, scheint in die Welt von Dornröschen und Rapunzel zu führen.

Die gesamte Parkanlage geht zurück auf die Familie Rothschild, die im Jahr 1816 am Stadtrand ein Grundstück kaufte und einen Garten mit Landhaus anlegte. Bald darauf wurde das Haus zu einer neoklassizistischen Villa erweitert und der Garten in einen Park im Stil eines englischen Gartens verwandelt. 1938 mussten die Rothschilds das Anwesen weit unter Wert an die Stadt Frankfurt verkaufen. Im Zweiten Weltkrieg wurde das Palais zerstört und die Parkanlage stark beschädigt. Nach der Rückübereignung im Jahr 1951 wurde das Grundstück teilweise bebaut. Die verbliebene Grünfläche dient seitdem als städtische Parkanlage und Erholungsort für die kleine Pause zwischendurch. Kinder finden auf dem Abenteuerspielplatz einen herrlichen Platz zum Austoben.

- Rothschildpark, Reuterweg 14, 60232 Frankfurt
- ÖPNV: U7, Haltestelle Alte Oper

Wasserhäuschen-Nostalgie

55 Das Café Fein in der Eschenheimer Anlage

Ein Spaziergang durch die Wallanlagen macht durstig und am Ende auch müde. Ein Café im Grünen wäre nun schön. Und tatsächlich wird der Spaziergänger in der Mitte des Anlagenrings fündig. Was zunächst aussieht wie eine Trinkhalle, entpuppt sich beim Näherkommen als ein Café. Das Wasserhäuschen in der Eschenheimer Anlage wurde mit viel Liebe zum Detail zu einem ungewöhnlichen Café herausgeputzt. Den Namen „Café Fein" trägt es zu Recht, denn die Kaffeespezialitäten, Gebäcke und Kuchen schmecken fabelhaft.

In Kombination mit dem nostalgischen Flair eines Jöst-Wasserhäuschens und einer ungewöhnlichen Möblierung ist das Café zum Anziehungspunkt für Spaziergänger, Anwohner und Passanten geworden. Im kleinen Innenraum und unter den schattigen Bäumen der Grünanlage stehen alte Sofas und Chippendale-Tischchen neben Landhausstühlen, Biertischen und Ohrensesseln. Rund um den Kiosk vermehren Kübelpflanzen und Hängeampeln das grüne Idyll. Die Tische sind liebevoll mit Silbertabletts und kleinen Blumensträußen dekoriert und laden zum gemütlichen Plausch im Grünen ein. Schon die Auswahl an der Theke macht Freude. Eine süße Verführung zum Kaffee oder lieber eine herzhafte Speise und ein Bierchen dazu? Und vielleicht noch eine gemischte Tüte? In den Schraubgläsern auf der Theke locken rosafarbene Schaummäuse und allerlei Fruchtgummis nicht nur die Kleinen zum Kauf. Die Kunden bleiben gerne bei einem Schwätzchen stehen, man kennt sich oder lernt sich in zwangloser Atmosphäre kennen.

Wasserhäuschen oder Trinkhallen gibt es in Frankfurt schon seit der zweiten Hälfte des 19. Jahrhunderts. Sie sollten damals die Menschen mit hygienisch einwandfreiem Wasser versorgen. 1909 stieg der Unternehmer Adam Jöst in das Geschäft ein, was den Büdchen den Namen Jöst-Hüttchen gab. Zeitweise gab es 800 Trinkhallen in der Stadt. Von den vielen noch verbliebenen Büdchen ist das Café Fein sicherlich eines der liebenswertesten. Und dazu im Grünen.

- Café Fein, Petersstraße 4–6, 60313 Frankfurt
- ÖPNV: S5, Haltestelle Konstablerwache (7 Minuten Fußweg)

Trinkhalle

Heilende Kräuter

56 Kleinod an der Justinuskirche

Eben noch das pralle Leben und Biergartenstimmung in den Traditionslokalen rund um den Schlossplatz, dann, noch keine 100 Meter entfernt, die Ruhe und Beschaulichkeit des Platzes vor der Justinuskirche. Was für ein Kontrast! Sieben Linden breiten über dem Kirchplatz ihre Zweige aus, durch die gedämpft das Sonnenlicht auf das Pflaster fällt. Aus rotem Sandstein erhebt sich dahinter die Fassade der karolingischen Basilika, der ältesten Kirche Frankfurts, geweiht im Jahre 850. Rund um das Gotteshaus befand sich über Jahrhunderte der Kirchhof, der 1930/32 abgetragen wurde. Der Bereich auf der Nordseite der Kirche wurde als gepflasterter Platz gestaltet. Der Kirchhof zur Mainseite, der ehemalige Friedhof der Antoniter, die hier fast 400 Jahre wirkten, musste bis in die 1990er-Jahre auf seine jetzige Gestaltung warten. Was lange währt, ist hier mehr als gut geworden. Ein Garten voll duftender Blumen und Kräuter wurde an dem sonnenverwöhnten und windgeschützten Ort angelegt. Ein Kleinod und der vielleicht schönste, auf jeden Fall ruhigste grüne Glücksort im Stadtteil Höchst.

TIPP

Im beeindruckenden Kirchenraum eine kurze Zeit der Stille genießen.

Wer durch die Pforte zwischen dem gotischen Hochchor im Osten der Kirche und dem Pfarrhaus tritt, gelangt in eine stille Welt mit einer zauberhaften Atmosphäre. Alte Grabplatten an den Mauern erinnern an die Mönche, die hier ihre letzte Ruhe fanden. Durch ein Fenster öffnet sich ein malerischer Blick zum Mainufer. In den Beeten zwischen Stadtmauer und Kirchengebäude entfalten sich hunderte verschiedener Kräuter, Blumen, Sträucher und Bäume. Ihre Farben und Düfte locken auch zahlreiche Insekten an. Im Garten finden sich die Heilkräuter der Antoniter. Die Mönche setzten sie erfolgreich gegen die schweren Auswirkungen des Verzehrs von mit Mutterpilz befallenem Getreide ein. Das so genannte Antoniusfeuer gehörte nämlich zu den verbreitetsten Erkrankungen des Mittelalters. Glücklicherweise ist fast gegen jedes Übel ein Kraut gewachsen!

● Justinusgarten, Justinusplatz 3, 65929 Frankfurt
● ÖPNV: S1, S2, Haltestelle Frankfurt Höchst (20 Minuten Fußweg)

Baum-Persönlichkeiten

57 Im Niedwald am Grill'schen Altarm

Der Wald ist erfüllt von Piepsen, Zwitschern und Tirilieren. Hoch oben zimmert ein Specht seine Nisthöhle, an einer Hainbuche zeigt ein Kleiber seine Kletterkünste, am Himmel kreist schreiend eine Möwe und über das Wasser schwebt anmutig ein weißer Schwan. Die Nase ist erfüllt vom Knoblauchduft des Bärlauchs, der jetzt im April den Waldboden bedeckt. Seine weißen Blüten weben zusammen mit lilafarbenem Lerchensporn und Veilchen, weißen Buschwindröschen und gelbem Scharbockskraut ein zartes Farbmuster in den Waldteppich. Beeindruckende Baumexemplare, die mit ihren markanten Rinden und Formen wie Waldgeister erscheinen, begleiten die Spazierwege und naturbelassenen Pfade. Und diese führen im Niedwald meistens zur Nidda und seinen idyllisch gelegenen Altarmen. Der Grill'sche Altarm bildet dabei das größte Gewässer. Wie sein Nachbar Waldspitze, mit dem er durch einen künstlich geschaffenen Bachlauf verbunden ist, entstand er durch die Flussbegradigung der Nidda.

TIPP

Vor allem im Licht der Morgen- und Abendsonne bieten die Bäume einzigartige Fotomotive.

Den Stillgewässern verdankt der Niedwald seine vielfältige Flora und Fauna, die es zu entdecken lohnt. Es gibt viele ruhige Plätze, die zum Lauschen und Betrachten einladen. Es muss nicht immer die Bank sein, stattdessen kann es zu einem unvergesslichen Erlebnis werden, für eine halbe Stunde ganz still auf einem umgefallenen Baumstamm oder einem Baumstumpf mitten im Grünen zu sitzen und die Natur mit allen Sinnen aufzunehmen. Mit jeder Minute entdeckt das Auge mehr Details, hört das Ohr neue Geräusche.

Der Auwald an der Nidda ist Teil des Landschaftsschutzgebietes Grüngürtel und beherbergt viele Tierarten wie Eichhörnchen, Frösche und Kröten, Eisvögel und Libellen sowie zahlreiche Sing- und Wasservögel. Auch Graureiher und Kormorane sind hier zu Hause. Noch stiller als am Grill'schen Altarm ist es am Ufer der Waldspitze. Ein schmaler Pfad entlang des Bachlaufes führt in das Dickicht rund um das kleine Stillgewässer – ein wunderbarer Ort für Naturliebhaber.

- Niedwald, Oeserstraße, 65934 Frankfurt
- ÖPNV: S2, Haltestelle Frankfurt Nied (19 Minuten Fußweg); Bus 59, Haltestelle Neumarkt

Wasser marsch!

58 Spiel und Spaß im Wasserpark

Es ist Quell allen Lebens und kostbarer als Gold. Ohne Wasser ist ein Leben auf Erden unmöglich, es gäbe kein Grün, keinen Sauerstoff. Der erwachsene Mensch besteht zu rund 65 Prozent aus Wasser. Es fließt durch seine Adern, sorgt für den Stoffwechsel, reinigt und kühlt den Körper. Und wenn man bedenkt, dass der Wasseranteil bei Kindern sogar bis zu 85 Prozent beträgt, ist es dann ein Wunder, dass sie von Wasser magisch angezogen werden? Der Lehrpfad im Wasserpark ist daher vor allem für Kinder das reinste Vergnügen, und beim Spielen lernen sie gleichzeitig noch dazu, wie das Grundwasser aufbereitet, transportiert und gereinigt wird und wie wichtig ein verantwortungsvoller Umgang mit diesem Element ist. Voller Begeisterung pumpen sie Wasser in eine Rinne, um ein Schöpfrad in Bewegung zu setzen. An einer anderen Station fördern sie es mit einer Schneckenpumpe in die Höhe und leiten es durch Kanäle wieder in die Tiefe.

Der Lehrpfad wurde bewusst hier angelegt, denn dieser Ort hoch über der Stadt ist schon seit fast 150 Jahren mit dem Wasser verbunden. In dem hügeligen Park verbergen sich die Wasserkammern des unterirdischen Hochbehälters, der seit 1873 mit Wasser aus dem Vogelsberg und dem Spessart gespeist und bis heute als Speicher- und Verteilstation von Trinkwasser genutzt wird. Aus dieser Zeit stammen auch das Pumpenwerkhaus und die Hochbehälter aus rotem Mainsandstein sowie ein Obelisk.

Die Gebäude im Stil der Neorenaissance verleihen dem Park einen besonderen Charme. Auf den Wiesen und Bänken des kleinsten Parks Frankfurts, in dem Hunde und Fahrräder nicht erlaubt sind, geht es eher ruhig zu. In der grünen Oase lässt sich herrlich entspannen und dank des Lehrpfades ist sie ein ideales Ausflugsziel mit Kindern. Zum Park gehört auch ein Bienengarten, der bereits 1880 angelegt wurde. Die Bienen finden in den benachbarten Gärten, Parks und Friedhöfen ein vielfältiges Nahrungsangebot. Ein Besuch bei den Imkern lohnt sich!

- Wasserpark, Dortelweilerstraße 105, 60389 Frankfurt
- ÖPNV: Tram 18, Haltestelle Friedberger Warte (8 Minuten Fußweg); Bus M34, Haltestelle Friedhof Bornheim (2 Minuten Fußweg); U4, Haltestelle Bornheim Seckbacher Landstraße (13 Minuten Fußweg)

Auf historischen Mauern

59 Im Solmspark

Ist der Main Frankfurts Flusskönigin, so ist die Nidda die zierliche Prinzessin, die sich in Bögen tänzelnd von Norden her der Mutter nähert und sich in Höchst mit ihr vereinigt. Ihre Gespielinnen sind die mehr als 40 Nebenflüsse, Altarme und Parks. Einer dieser Parks wird von der Nidda und dem Mühlgraben zu einer Insel hervorgehoben: der Solmspark. Ein malerischer Ort in der Grünanlage ist die Landzunge am südlichen Ende, dort wo das flache Wasser des Mühlgrabens über die Steine in die Nidda springt. Die Zweige der mächtigen Bäume hängen tief über die Halbinsel und die nahegelegene Brücke, von der sich malerische Blicke auf den Bach und das sich spiegelnde Grün der Zweige ergeben. Es gibt viele alte und beeindruckende Baumexemplare im Park zu entdecken. Ein Paradies für die zahlreichen Vögel, die in der Parkanlage heimisch sind. Und ein Paradies für die Besucher, die auf den Wiesen ausspannen oder sich beim Spazierengehen erholen. Etwa in der Mitte des fünf Hektar großen Parks sind in der Wiese gepflasterte Linien zu erkennen. Sie markieren den Mauerverlauf des ehemaligen Schlosses der Grafen von Solms, die dem Park seinen Namen gaben. Ein Bronzemodell zeigt den Schlossbau, der anstelle einer viel größeren mittelalterlichen Burganlage gebaut wurde. Die Burg aus dem 12. Jahrhundert, die 1463 an die Grafen von Solms überging, nahm einen großen Teil der Insel ein. Über die Jahrhunderte baufällig geworden, ließ der regierende Graf 1802 die Burg abreißen und ein klassizistisches Schloss errichten sowie einen Landschaftspark anlegen. Die Fundamente des Nordturms der Burg blieben dabei erhalten und werden heute durch die halbkreisförmige Mauer nachgezeichnet. 1935 erwarb die Stadt das Schloss von der Grafenfamilie, doch schon ein Jahrzehnt später wurde es von den Bomben des Zweiten Weltkriegs zerstört. So spazieren die heutigen Parkbesucher über von Wiesen bedeckte Mauerreste und eine fast tausendjährige Geschichte.

- Solmspark, Auf der Insel, 60489 Frankfurt
- ÖPNV: S3, S4, S5, Haltestelle Rödelheim (11 Minuten Fußweg); Bus M34, Haltestelle Alt-Rödelheim (3 Minuten Fußweg)

Der etwas andere Beachclub

60 Am Orange Beach

Sie nennen sich „das schönste Versteck unter der Sonne". Tatsächlich liegt der Orange Beach versteckt hinter Industrieanlagen und unter zwei Eisenbahnbrücken in einem Stadtviertel, das nicht gerade für seine Grünanlagen bekannt ist. Trotzdem hat sich die Strandbar am Griesheimer Mainufer zu einem beliebten Plätzchen mit kultigem Flair entwickelt. Direkt am Main und mit dem Rad gut zu erreichen, ist das Büdchen ein Ort mit besonderer Atmosphäre. Das sympathische und entspannte Miteinander unterschiedlichster Menschen und die unkonventionelle Mischung von Sitzgelegenheiten tragen zum Charme der Trinkhalle bei. Stühle, Strandkörbe, Sonnenliegen, Bierbänke oder Baumstämme – jeder findet hier den passenden Platz. Entspannt, mit einem Getränk in der Hand, unterhalten sich die Gäste an den Tischen oder sitzen träumend in den Strandkörben und schauen den Schiffen nach. Rund um die Bar unter der Brücke ist es wider Erwarten grün. Am Ufer strecken Erlen und Weiden ihre Zweige übers Wasser, und in den Blumenbeeten wachsen Palmen, Bananenstauden und Rosen. Nach Westen schließen sich Schrebergärten an, hinter die sich die Sonne am Abend senkt. Der aufgeschüttete Sand am Ufer des Mains und die Strandkörbe und Liegestühle sorgen für das nötige Beach-Feeling. Die vorbeiziehenden Stand-up-Paddler, Motorjachten und Ruderer erinnern an Urlaub und Strandvergnügen. Und auch wenn über die Brücke in regelmäßigen Abständen die Züge donnern, tut das der Stimmung keinen Abbruch. Bei gutem Wetter ist hier immer viel los, und wenn Sonntagnachmittag Live-Musik auf dem Programm steht, ist kaum noch ein Plätzchen zu finden. Viele der Gäste kennen sich, es geht familiär zu. Angenehm sind auch die fairen Getränkepreise und die riesige Auswahl an Biersorten. Auf der Karte stehen natürlich auch Softdrinks, Kaffee und das gude Stöffche. Dazu gibt es kleine Snacks, und bei gutem Wetter werden Würstchen auf den Grill gelegt. Ein entspannter grüner Glücksort zum Wohlfühlen.

- Orange Beach, Gutleutstraße 391/Niederräder Brücke, 60327 Frankfurt
www.orangebeach-frankfurt.de
- ÖPNV: Bus 37, Haltestelle Gutleut-Briefzentrum (6 Minuten Fußweg)

Ein Volk von Titanen

61 Die Alteichen im Schwanheimer Wald

Die zackigen Äste der knorrigen alten Eichen ragen wie gigantische Arme in den abendblauen Himmel. Riesen gleich, stehen die Schwanheimer Alteichen im Wald. Die rund 500 Jahre alten Bäume sind Reste eines ehemaligen Hutewaldes, der von Schwanheim bis zur Grenzschneise im Süden und von Niederrad bis Kelsterbach reichte. Wie erstarrte Zeugen erzählen sie von einer Zeit, als die Hütejungen die Schweine, Rinder, Ziegen und Schafe in den Hutewald trieben, wo sie sich von Trieben, Pilzen, Eicheln und Bucheckern ernähren konnten. Auf Eichen wachsen die besten Schweine, war ein gebräuchlicher Spruch des Mittelalters, denn mit Eicheln gemästete Schweine lieferten kerniges Fleisch und festen Speck. Deswegen blieb der Hutewald im Oktober und November, wenn die Eicheln von den Bäumen fielen, den Schweinen vorbehalten. Bis Anfang des 20. Jahrhunderts wurde die Waldweide im Schwanheimer Wald praktiziert. Da durch die Beweidung keine Verjüngung mehr stattfand, entwickelten sich lichte Wälder, in denen die Bäume dicke Stämme und große ausladende Kronen entwickeln konnten. Nach dem Zweiten Weltkrieg wurde der Hutewald in Schwanheim mit Buchen, Ahorn und Kastanien aufgeforstet, was dazu führte, dass sich sein Charakter vollständig veränderte. Die heutigen Spaziergänger können mit etwas Fantasie erahnen, welchen Eindruck diese uralten, bizarr gewachsenen Eichen auf die Menschen machten. Friedrich Hölderlin beschreibt die Eichen als „ihr Herrlichen, steht wie ein Volk von Titanen in der zahmeren Welt und gehört nur euch und dem Himmel“. Eine Verbindung zwischen Himmel und Erde waren sie schon unseren Vorfahren. Die Methusalems unter den heimischen Bäumen, von denen manche 1000 Jahre und älter werden, sind Symbole für das Göttliche und die Ewigkeit und galten vielen Völkern als heilige Bäume. Mit Stärke und Willensstärke werden sie uns in die Zukunft begleiten, denn mit ihren Pfahlwurzeln schauen sie gelassen trockenen Zeiten entgegen.

- Schwanheimer Alteichen, Ferdinand-Dirichs-Weg, 60529 Frankfurt
- ÖPNV: Tram 12, Haltestelle Ferdinand-Dirichs-Weg oder Harthweg

Bei Hatem und Suleika

62

Der Garten am Willemer Häuschen

Eine ungewöhnliche Romanze, gelebt an einem Ort, der kaum romantischer sein könnte: Das Willemer Häuschen am Sachsenhäuser Berg war Schauplatz der späten Liebe des Johann Wolfgang von Goethe zu Marianne von Willemer, der 35 Jahre jüngeren Ehefrau des Bankiers und Geheimrats Johann Jakob von Willemer. Goethe besuchte das Paar 1814 in der Gerbermühle, dem Sommersitz der Willemers. Am liebsten hielt er sich in dem idyllischen Gartenhäuschen zwischen den Weinbergen auf. Der Bankier hatte das dreistöckige Gebäude im Jahr 1809 gekauft und zum Sommerhaus umbauen lassen. Zwischen Johann Wolfgang und Marianne entwickelte sich eine innige Beziehung, die auch in literarischer Hinsicht Früchte trug. In seinem Spätwerk, dem „West-östlichen Divan", hat Goethe drei Gedichte von Marianne, die als lyrisches Wechselspiel zwischen Hatem und Suleika angelegt sind, aufgenommen. Er tat es stillschweigend, auch wohl im Sinne von Marianne. Nach einem weiteren Aufenthalt bei den Willemers im Jahr 1815 verfasste Goethe sein berühmtes Gedicht vom Gingko biloba und schickte es, mit zwei Gingko-Blättern verziert, an Marianne.

TIPP

Auf dem 11 Kilometer langen Goethe-Rundwanderweg weitere Spuren des Dichters entdecken.

Ein über 70 Jahre alter Gingko-Baum im Garten des Willemer Häuschen erinnert an diesen Liebesbeweis. Der riesige Baum überragt das turmartige Gartenhaus, das nach seiner Zerstörung im Krieg zwischen 1962 und 1964 originalgetreu wiederaufgebaut wurde. Der Baum ist vor allem im Herbst eine wahre Zierde, wenn die gelben Blätter sich leuchtend vor dem dunklen Grün der Eiben abheben. Hohe Sträucher und Bäume umgeben den kleinen romantischen Garten, der mit dem Blumenrondell, Rosen und Buchsbaumkegel den Geschmack des 19. Jahrhunderts widerspiegelt. Ein kleiner Rundweg und Ruhebänke laden zum Verweilen ein. Garten und Haus sind leider nur an Sonntagen geöffnet. Dann gewähren auch die im klassizistischen Stil eingerichteten Wohnräume der Goethe-Gedenkstätte Einblicke in die Welt des Dichters und seiner Muse Marianne von Willemer.

- Willemer Häuschen, Hühnerweg 74, 60599 Frankfurt
- ÖPNV: S3, S4, S5, S6, Lokalbahnhof (15 Minuten Fußweg); S1, S2, S8, S9, Haltestelle Mühlberg (11 Minuten Fußweg); Tram 15, 16, Haltestelle Lettigkautweg (6 Minuten Fußweg)

Traumhaft schön

63 Das Nebbiensche Gartenhaus

Die moderne Mainmetropole ist immer wieder für Überraschungen gut. Zwischen der belebten Ringstraße an der Bockenheimer Anlage und dem Hilton Frankfurt versteckt sich in der Wallanlage ein architektonisches Kleinod, das Nebbiensche Gartenhaus. Unter mächtigen alten Bäumen duckt sich der klassizistische Pavillon, der heute den Frankfurter Künstlerclub beherbergt. Die antikisierende Gebäudefront mit Dreiecksgiebel, die bodentiefen Fenster und die zarte Farbgebung in Gelb und Weiß erinnern an Sommertage am Mittelmeer und die Tempel Griechenlands und Italiens. Unterstrichen wird dieser Eindruck von der weinberankten Pergola, unter der Sitzgruppen zu einer lauschigen Rast einladen. Durch die hohen Fenster fällt der Blick in einen lichtdurchfluteten Raum, in dem regelmäßig Ausstellungen und Konzerte stattfinden.

Die Harmonie und die Schönheit des Häuschens drücken die Begeisterung für die Ideale der Aufklärung und die Sehnsucht nach natürlichen Formen aus, nach Logik und klaren Gedanken. In diesem Sinne errichtete der wohlhabende Verleger Marcus Johann Nebbien 1810 ein Gartenhaus samt Brunnen auf seinem Grundstück in den ehemaligen Wallanlagen. Es ist das einzige von 250 Gartenhäusern im Anlagenring, das noch erhalten ist. Gelegen an der Promenade der Bockenheimer Anlage, ist es heute von verschiedenen, allesamt reizvollen Gartenbereichen umgeben, die zu einer glücklichen Auszeit einladen. Eine Wand aus Hecken schafft um den Florentiner Brunnen aus dem 16. Jahrhundert einen abgeschirmten Raum zum Träumen. Während das plätschernde Wasser die Sinne beruhigt, erfreut sich das Auge an dem kleinen Amor auf der Muschelschale und den wasserspeienden Nymphen und Seeungeheuern. Hinter dem von Blumen eingerahmten Brunnenteich führt eine Treppe in einen weiteren verborgenen Garten hinab. In dem abgesenkten und etwas abgeschiedenen Bereich warten Bänke und ein weiterer hübscher Brunnen in Form eines Kapitells auf die Besucher.

TIPP
Der Künstlerclub bietet im Gartenhaus Ausstellungen, Lesungen und Konzerte an.

- Nebbiensches Gartenhaus, Bockenheimer Anlage, 60322 Frankfurt
- ÖPNV: U1, U3, U8, Haltestelle Eschenheimer Tor (3 Minuten Fußweg); S2, S5, S6, S9, Haltestelle Hauptwache (8 Minuten Fußweg)

Ausstellung
Ausstellung
„ALLES IST OFFEN"

Grüner Einkaufsbummel

64 Samstags an der Konstablerwache

Samstagmorgen. Einkaufen für das gemeinsame Kochen am Wochenende. Dabei etwas frische Luft tanken, Bekannte treffen, zu einem Gläschen hinsetzen und ins Grün eintauchen. Der Markt an der Konstablerwache kommt diesen Wünschen nach. Auf dem von Platanen umstandenen Platz sind die Verkaufsstände ringsherum aufgereiht. Hier gibt es Obst und Gemüse, Wurst, Fisch, Käse, Honig, Brot und mehr. In der Mitte des Platzes laden Tische und Bänke zu einer kulinarischen Rast ein. Die Händler versorgen die Hungrigen mit Bratwürsten, Maultaschen, Suppen, Handkäse und anderen Köstlichkeiten. Blumen dürfen auf einem Markt natürlich nicht fehlen. Mario Hofmann aus dem nahen Steinfurth, dem ältesten Rosendorf Deutschlands, verkauft an seinem Stand Schnittrosen, Pfingstrosen und Rosenpflanzen.

Wie die anderen Händler, bietet er fast ausschließlich Produkte aus eigener Produktion an. Eigene Erzeugnisse seien das Markenzeichen des Marktes, betont der Händler. Nur ein kleiner Teil der Waren darf zugekauft werden, so dass überwiegend regionale Produkte an den Marktständen angeboten werden. Er liebt die Atmosphäre auf dem Markt, den persönlichen Kontakt zu den Kunden, das Schwätzchen. Manche duzt man gar. Viele der Händler seien schon von Anfang an hier, erzählt er.

TIPP

Bei einem Imbiss in liebenswerter Atmosphäre kommt man schnell mit anderen Menschen ins Gespräch.

Der Anfang war vor über 30 Jahren. Damals hatten Städter wie auch Bauern einen Marktplatz für frische Waren aus der Region gefordert. 1989 eröffnete der Markt und seitdem kommen die Bauern, Metzger, Bäcker, Gärtner, Imker und andere regionale Erzeuger donnerstags und samstags in die Stadt. Sie leisten damit einen wichtigen Beitrag für eine gesunde Ernährung und durch die kurzen Transportwege auch zum Umwelt- und Klimaschutz. Die Kunden schätzen dieses Angebot, und sie sind so zahlreich, dass man auch schon mal Schlange stehen muss, um an eine besondere Wurst oder ein bestimmtes Brot zu kommen. Für das grüne Glück zu Hause nicht den Blumenstrauß vergessen!

- Bauernmarkt Konstablerwache, Konstablerwache, 60313 Frankfurt
  www.erzeugermarkt-konstablerwache.de
- ÖPNV: Diverse S- und U-Bahnen, Haltestelle Konstablerwache

HEUTE
Die ersten
Freilandrosen
(aus eigenem Anbau)
Schönes Wochenende
5 St.
7 90 €

Neue Perspektiven

65 Flussfahrt auf dem Main

Manche behaupten, eine Flussschifffahrt sei langweilig. Nur rumsitzen und die Landschaft vorbeiziehen lassen. Das kann auf einer Rundfahrt auf dem Frankfurter Main nicht passieren. Es gibt so viel zu sehen, dass die Zeit wie im Flug vergeht. Los geht es im Mainuferpark nahe der Gerbermühle, wo sich der kleine Anleger zwischen dem Ufergebüsch unterhalb der Eschenallee versteckt. Am gegenüberliegenden Ufer ragen die schlanken Säulenpappeln ins Himmelsblau. Grüner kann eine Flussfahrt kaum beginnen. Langsam nähert sich die Maria Sybille Merian von der Innenstadt her. Der Name der Naturforscherin und Blumenmalerin passt perfekt zu dem Ausflugsschiff, das nun für 90 Minuten zwischen den grünen Ufern des Mains dahingleitet. Am späten Nachmittag ist die Szenerie besonders schön und erinnert an ein Gedicht Friedrich Rückerts: „Fuhren wir herab den Main / Still und frohgemuth / Lag des Abends heller Schein / Vor uns auf der Fluth (…)“

Schon kurz nach dem Ablegen duckt sich das Schiff unter die Osthafenbrücke, eine der zwölf Brücken, die bis zur Staustufe Griesheim den Main überspannen. Vom Deck des Schiffes bietet sich eine herrliche Aussicht auf die Grünanlagen und die Stadtkulisse zu beiden Ufern des Mains. Zunächst fällt hinter den Stahlbögen der Deutschherrnbrücke der markante Büroturm der EZB ins Auge. Dann nähert sich das Schiff den Wolkenkratzern, vor denen sich malerisch die Alte Brücke aus rotem Sandstein und die historischen Gebäude des Domes und der Altstadtkirchen abheben. Die Pause am Eisernen Steg gibt Gelegenheit, das Treiben am Altstadtufer zu verfolgen und die Gebäude am Römerberg zu bewundern. Am Museumsufer und am Mainnizza vorbei bringt die Maria Sybilla Merian die Gäste zum Westhafen, vorbei am Sommerhoffpark und dem Lilubad bis zu den Auwiesen am Schwanheimer Ufer. Die Flussfahrt in komfortabler und entspannter Atmosphäre, bei Speis und Trank, gibt Gelegenheit, die Metropole aus einem ganz neuen Blickwinkel kennenzulernen.

- Primus Linie, Anleger Gerbermühle, 60594 Frankfurt, www.primus-linie.de
- ÖPNV: S1, S2, S8, Haltestelle Offenbach Kaiserlei (15 Minuten Fußweg)

Wilder Norden

66 Die Wildnis im Nordpark Bonames

Wildnisgebiete sind in unseren Städten selten geworden. Die Natur ist in der Regel domestiziert und in leicht konsumierbare Formen gebracht. In Parks, auf Waldspielplätzen, in den Mainuferanlagen und im Stadtwald, überall ist die Hand des Menschen erkennbar. In Frankfurts Norden finden wir jedoch kleine Wildniszonen, in denen die Natur sich entwickeln und entfalten kann, ohne dass der Mensch eingreift. Vom Dschungel am Alten Flugplatz Bonames wird an anderer Stelle berichtet, vom Nordpark auf der Niddainsel und seinem verwilderten Wäldchen soll hier erzählt werden.

Wer das nahezu undurchdringliche Waldgebiet auf schmalen Pfaden durchstreift, bekommt eine Ahnung davon, was Wildnis ist. Bei Naturvölkern existiert das Wort Wildnis nicht, da sie keine Trennung zwischen Wohnbereichen und nicht bewohnter Natur machen. Für Menschen in Industrieländern dagegen ist die ursprüngliche Natur nicht mehr Teil ihrer selbst, sie glauben, sie gehörte ihnen. Dabei steckt in uns allen die Sehnsucht nach Wildnis, die wir in dem Wäldchen zwischen Nidda und ihrem Altarm ein wenig stillen können. Über die Wiesen, vorbei an den Grillplätzen und Sportanlagen des Nordparks, führt der Weg geradewegs auf das Gehölz zu. An seinem Ende grüßt Sondermann, ein Objekt der komischen Kunst im Grüngürtel. Spazierwege und kleine Pfade locken von hier in die Wildnis, die im Dämmerlicht des Unterholzes fast unheimlich wirkt. Dichtes und teilweise dorniges Gestrüpp schützt die Bewohner vor unliebsamen Besuchern. Am Flussufer schaffen überhängende Äste ein Halbdunkel über dem graugrünen Wasser der Nidda. Totholz darf liegen bleiben, weil es vielfältige Strukturen und Lebensräume für Tiere und Pflanzen schafft. Unsichtbar in den Baumkronen lässt ein Pirol seinen flötenden Gesang hören. Die kleine Wildnis lädt ein, sich mit der Natur zu verbinden. Es ist herrlich, auf einem Baumstamm zu sitzen und in der Stille auf die Geräusche, Düfte, Pflanzen und Tiere in der Umgebung zu achten. Ein bewusstes Erleben der Natur.

- Nordpark, Homburger Landstraße, 60437 Frankfurt
- ÖPNV: S6, Haltestelle Frankfurter Berg, dann Bus 27, Haltestelle Alt Bonames oder Nordpark/Alter Flugplatz Bonames

Schlag auf Schlag

67 Zum Minigolf an die Nidda

Sonntagmorgen in den Sommerferien: Noch ist es ruhig hier, die freundliche Dame hat gerade erst die Pforten des Minigolfplatzes geöffnet. Auf der Niddapromenade sind Jogger und Radfahrer unterwegs. Die Luft ist noch frisch, ein kleiner leichter Wind weht den Fluss hinauf, und der blaue Himmel verspricht einen schönen Sommertag. Es dauert nicht lange, und die ersten Familien stehen an der Kasse, um Schläger und Bälle auszuleihen. Und dann geht es auf den Parcours mit seinen 18 Spielbahnen.

Die einzelnen Stationen, die fast zur Hälfte doppelt angelegt sind, um Staus zu vermeiden, sind über die gepflegte Rasenfläche verteilt. Die kleine Anlage gleicht eher einem Kurpark als einem Sportplatz. Ihr Erbauer hatte nämlich während eines Kuraufenthaltes das Spiel entdeckt, welches ihm so gut gefiel, dass er Anfang der 1960er-Jahre auf einem Stück Ackerland am Nidda-Ufer einen Platz mit dem Flair eines Kurparks anlegte. Dieser Park wird von großen Laub- und Nadelbäumen eingerahmt, in deren Schatten kleine Hütten und Bänke stehen. Schnittgehölze, Gräser und Blumenrabatten flankieren den Zaun entlang der Uferpromenade. Zwischen den Sträuchern geht der Blick über den gegenüberliegenden Nidda-Volkspark bis zur Skyline der Stadt. Bei den Blumenrondellen mit Rosen und Lavendel laden Parkbänke und Sitzgruppen unter Sonnenschirmen zu einer Pause ein. Erfrischende Getränke und Eis sind am Kiosk verfügbar. Es macht wirklich Spaß, auf diesem Grün zu spielen. Diesen Eindruck vermitteln auch die anderen Spieler, die in Gruppen und gut gelaunt von Bahn zu Bahn ziehen. Mit unterschiedlichem Geschick spielen sie den Ball über die Hindernisse und versenken ihn nach wenigen oder auch mehreren Schlägen.

Die erste genormte Minigolfanlage öffnete übrigens schon 1954 im schweizerischen Ascona, ein Jahr später gab es die erste Anlage in Deutschland. Bis heute hält die Freude am Minigolf an – 20 Millionen Deutsche können nicht irren!

TIPP

Morgens und vormittags genießt man viel Platz und Ruhe.

- Minigolf an der Nidda, Hadrianstraße 50, 60439 Frankfurt
- ÖPNV: U1, Haltestelle Römerstadt (5 Minuten Fußweg)

Volkspark par excellence

68

Der Lohrpark

Die Luft ist klar, der Himmel blau und die Sonne senkt sich langsam nieder. In diesen Stunden ist der Ausblick vom Lohrpark auf die Mainmetropole einfach spektakulär. Wie eine Aussichtsterrasse liegt die Parkanlage auf dem 180 Meter hohen Lohrberg, dem Frankfurter Hausberg. Vor allem dann, wenn die Sonne scheint, ist hier viel los. Die Gartenanlage aus dem frühen 20. Jahrhundert bietet Erholung und Vergnügen gleichermaßen. Auf der Mauer beim Kastanienrondell sitzend, genießen die Besucher den Blick auf die Skyline. Die große Wiese am sonnenverwöhnten Hang ist ein perfekter Ort zum Sonnen, Picknicken und Grillen. Bänke am Wegesrand laden zu einer Rast ein. Von den Ruheplätzen auf den Aussichtsbalkonen schweift der Blick über die Mainebene und das Stadtgebiet. Der Weg entlang des Weinbergs, dem ein Extrakapitel gewidmet ist, führt zum Planschbecken und einem schön angelegten Spielplatz, ein Paradies für Kinder. Der Promenadenweg setzt sich bis zum MainÄppleHaus fort, wo ein Erlebnis- und Beratungsgarten mit Bistro und Hofladen auf die Besucher wartet. Die große zentrale Wiese des Parks, umgeben von mächtigen Buchen und Eichen, lockt zum Spielen und Toben. Spaziergänger, Jogger und Radfahrer suchen Bewegung und Entspannung auf den zahlreichen Wegen. Wenn im Herbst der Wind fegt, lassen Kinder hier oben ihre Drachen steigen. Der Lohrpark ist ein Park für alle. In der Zeit der Volksparkbewegung entstanden, sollte er Spiel- und Bewegungsräume schaffen und den Menschen die Natur näherbringen. Als Konsequenz entstand ab 1919 unter Gartenbaudirektor Max Bromme ein Park mit Wiesen, Kindererholungsgarten, Spazierwegen und Bänken, der bis heute fast unverändert ist. Zum Glücklichsein gehört auch ein Gartenlokal für das leibliche Wohl. Seit den 1930er-Jahren öffnet die Lohrbergschänke ihre Türen für die Ausflügler. Im Schatten der Walnussbäume, mit fantastischem Blick über die Stadt, lässt sich hier bei Speis und Trank entspannen.

TIPP

Zeit, eine Picknickdecke und eine Kamera – mehr braucht es nicht für sensationelle Panoramafotos.

- Lohrpark, Friedrich-Heyer-Weg, 60389 Frankfurt
- ÖPNV: Bus 30, Haltestelle Lohrberg/Heiligenstock (20 Minuten Fußweg); Bus M43, Haltestelle Atzelberg Mitte (19 Minuten Fußweg)

Sprudelnde Heilquellen

69

Im Kurpark von Bad Homburg

Warum taucht der Kurpark in Bad Homburg bei den grünen Glücksorten der Stadt Frankfurt auf? Weil er schon im frühen 19. Jahrhundert ein beliebtes Ausflugsziel der Frankfurter war und es bis heute geblieben ist. Mit seinen Heilquellen, der Spielbank und den öffentlich zugänglichen Landgräflichen Gartenanlagen war Bad Homburg schon vor fast 200 Jahren ein attraktives Naherholungsziel. Die Bürger aus der Stadt am Fuße des Taunus fuhren gerne am Sonntag mit den Kutschen hinauf in die Höhe, um bei Spaziergängen durch die Gartenlandschaft die frische Luft und das gesellschaftliche Leben zu genießen. Als in den 1850er-Jahren der Kurpark angelegt und die Eisenbahn von Frankfurt nach Bad Homburg ihren Betrieb aufnahm, wurde der Ausflug noch attraktiver. Bis heute hat der Park, der zu den schönsten und größten Deutschlands zählt, nichts an Anziehungskraft verloren. Die Brüder François und Louis Blanc, Begründer der Spielbank, gaben dem königlich preußischen Gartenbaudirektor Peter Joseph Lenné den Auftrag zur Planung der Parkanlage. Dank der mehr als 150 Jahre andauernden Pflege ist sie die einzige außerhalb des Berliner Raums, die noch weitgehend im Originalzustand erhalten ist. Ein Spaziergang durch den englischen Landschaftspark ist ein wahrer Genuss und Erholung für Körper und Geist. Auf geschwungenen Wegen flanieren die Ausflügler durch die weiten Wiesenflächen, vorbei am Schwanenteich, der Orangerie und dem Kaiser-Wilhelms-Bad, dem Spielkasino und anderen historischen Bauten und Denkmälern. Gehölze aus aller Welt, darunter viele Bäume aus der Entstehungszeit der Parkanlage, sorgen für ein stimmungsvolles Landschaftsgemälde und schaffen interessante Blickachsen. Zur Gesundheit tragen auch die Heilwasser bei, die entlang der Brunnenallee sprudeln. Es ist ein Vergnügen, durch die Kastanienallee zu den reizvollen Brunnengebäuden zu spazieren und die unterschiedlichen Wasser zu kosten. Ein Prost auf die Schönheit und die Gesundheit!

TIPP

Wer mag, kann Flaschen mitnehmen, um Heilwasser abzufüllen (Indikationen unter www.quellen-atlas.eu).

- Kurpark Bad Homburg, Kaiser-Friedrich-Promenade, 61348 Bad Homburg vor der Höhe
- ÖPNV: S5, Haltestelle Bad Homburg (20 Minuten Fußweg)

BENIGNISSIMAE

Flussabenteuer

70 Im Kanadier auf der Nidda

Kentern sei kaum möglich, räumt Jörg Schalles die Bedenken der Kanufahrer aus. Der erfahrene Wassersportler bietet seit mehr als 30 Jahren Kanufahrten auf der Nidda an und muss es ja wissen. Tief ist der Fluss jedenfalls nicht, auch wenn sich der Wasserstand je nach Jahreszeit ändert. In den Dortelweiler Wiesen wird das Kanu am flachen Ufer zu Wasser gelassen. Die acht Kilometer lange Fahrt geht nach Frankfurt bis zur Mündung des Eschbachs im Stadtteil Harheim. Abhängig vom Wasserstand werden auch Touren von Harheim nach Bonames angeboten.

Schon nach wenigen Minuten auf dem Fluss legt sich die anfängliche Aufregung und der Kanadier gleitet ruhig durch das Wasser. Mit ein paar Paddelstößen wird Richtung gehalten, die Strömung treibt das Boot den Fluss hinunter. Es ist still an den grünen Ufern der Nidda. Weiden neigen ihre Äste weit über das Wasser, im dichten Gebüsch an den Uferhängen zwitschern Vögel, und leuchtend blaue Libellen schwirren im Schilf. Flussgras schlängelt sich in der Strömung. Schon ist die erste von 13 Brücken auf dem Weg zum Ziel unterquert. Flache Stromschnellen geben dem Kanadier immer wieder einen Schub, Kiesbänke sind zu umschiffen, und ab und zu verlangen herabhängende Äste, den Kopf einzuziehen. Die Nidda sah nicht immer so aus. Zu Beginn des vorigen Jahrhunderts wurde sie weitgehend begradigt und hochwassersicher ausgebaut. Das sorgte zwar für einen schnellen Abfluss des Wassers, aber die Natur entlang der Ufer litt. Nachdem in den 1990er-Jahren Maßnahmen zur Renaturierung der Nidda getroffen wurden, bieten heute überschwemmte Auen, mit Gehölzen bestandene Ufer, Altarme sowie Sand- und Kiesbänke wieder vielfältige Lebensräume für Flora und Fauna. Mit etwas Glück können die Paddler Eisvögel, Biber oder Graureiher beobachten. Im Wasser tummeln sich wieder mehr als 20 Fischarten. Nach zwei Stunden ist die Fahrt auf dem Frankfurter Amazonas leider beendet und die „Indianer“ ziehen ihr Canoe wieder an Land.

TIPP

Für Tierbeobachtungen die Morgen- oder Abendtour buchen!

- Kanuverleih Schalles, Philipp-Schnell-Straße 15, 60437 Frankfurt
  www.kanu-schalles.de
- ÖPNV: S 6, Haltestelle Dortelweil (11 Minuten Fußweg)

71 Am Jacobiweiher

Am Wochenende zieht es viele Frankfurter zum Spaziergang in den Stadtwald und zum Jacobiweiher, der wegen seiner Form und seiner Lage am Zusammenstoß der vier „Kantone" Nieder- und Oberrad, Sachsenhausen und Neu-Isenburg auch „Vierwaldstätter See" genannt wird. Auch wenn in kurzen Abständen die Flugzeuge über den Wald fliegen, so lassen sich doch glückliche Stunden rund um das sechs Hektar große Gewässer verbringen. Ein Spaziergang führt auf dem ca. zwei Kilometer langen Uferweg rund um den Weiher, mit immer neuen malerischen Ausblicken. Zahlreiche Bänke laden zum Ausruhen und Beobachten der Pflanzen- und Tierwelt ein. Hohe Ulmen und Buchen spiegeln sich in der Wasserfläche, über der Graureiher und Kormorane auf der Suche nach Futter schweben. Am Ufer und im Wasser tummeln sich Stockenten, Teichhühner und wunderschön bunt gefiederte Mandarinenten. Ausgesetzte Schildkröten haben sich im Weiher vermehrt und sonnen sich gerne auf den im Wasser liegenden Baumstämmen. Kreativität zeigt sich nicht nur in der Namensgebung des Weihers, sondern auch in der „Komischen Kunst", die am Ufer des Gewässers gleich zweimal vertreten ist: der Pinkelbaum, der nach 300 Lebensjahren auch mal zurückpinkeln will, und die Eule im Norwegerpullover, die auf dem Ast einer Eiche sitzt. Beide Kunstwerke sind nach Zeichnungen des Karikaturisten F.K. Wächter entstanden und zwei von 14 humoristischen Skulpturen im Frankfurter Grüngürtel.
Für das leibliche Wohl wird am Ufer ebenfalls gesorgt. Im Biergarten der „Oberschweinstiege" sitzen die Gäste unter alten Kastanien gesellig bei Speis und Trank. Vor dem Ausflugslokal erinnert die Bronzeskulptur eines Schweines daran, dass die Frankfurter auf der Oberschweinstiege im „Oberwald" zwischen Sachsenhausen und Neu-Isenburg im Herbst ihr Vieh in die Waldstücke ringsum getrieben haben, damit dieses sich noch vor dem Winter an Eicheln dick und rund fressen konnte.

- Jacobiweiher, Oberschweinstiege, 60598 Frankfurt
- ÖPNV: Tram 17, Haltestelle Oberschweinstiege (5 Minuten Gehweg)

Platz für Mensch und Nidda

72 Renaturierung am Höchster Wehr

Die alte Wehranlage gibt es nicht mehr. Aus dem Kastenwehr an der Nidda, zwischen den Stadtteilen Höchst und Nied, ist ein naturnahes Streichwehr mit einer Insel und einer Umgehungsrinne geworden. Durch die Renaturierung des Wehrs und die somit neu entstandene Flusslandschaft ist die Nidda um eine Attraktion reicher geworden. Spaziergänger und Radfahrer lieben das stimmungsvolle Bild: im Hintergrund die hohen Laubbäume, davor die Stromschnellen mit dem schnell fließenden Wasser, das sich glitzernd an den Steinen bricht, und im Vordergrund sich im Wind wiegendes Weidengebüsch, Schilf und Gräser. Eine weitere prächtige Aussicht auf die Fluss- und Wiesenlandschaft ergibt sich vom Aussichtsbalkon am ehemaligen Wehrhäuschen aus dem Jahr 1924/25, das als letztes Relikt der alten Wehranlage am rechten Nidda-Ufer steht. Vor allem in den Sommermonaten werden Fluss und Insel von Badenden und Sonnenhungrigen aufgesucht. In dem niedrigen Gewässer kommen auch Kinder voll auf ihre Kosten; plantschend und vor Vergnügen quiekend genießen sie das nasse Vergnügen.

Doch das flache Wasser und die Kiesbänke sind nicht nur für Menschen attraktiv, sie stellen einen wichtigen Lebensraum für Fische dar und sollten somit von uns nur eingeschränkt genutzt werden. Die Renaturierung des Wehrs erfolgte schließlich vor allem zum Wohle der Pflanzen- und Tierwelt. Die Umgehungsrinne mit flachem Gefälle erlaubt es den Fischen, mühelos flussaufwärts zu ziehen und auf den Kiesbänken zu laichen. An den abgeflachten Ufern entwickelt sich die Pflanzenwelt nahezu ungestört und auf natürliche Art und Weise. Bei Hochwasser kann sich der Fluss auf der Wiesenfläche mit dem dahinterliegenden Damm ausbreiten, wodurch Überschwemmungen der anliegenden Wohngebiete weitgehend vermieden werden. Wo sich die Natur am ehemals eingezwängten Fluss wieder entfalten darf, können mit ein bisschen Rücksichtnahme Erholungssuchende wie auch die Tier- und Pflanzenwelt zu Gewinnern werden.

- Höchster Wehr, Nidda-Radweg Höhe Höchster Schwimmbad, 65934 Frankfurt
- ÖPNV: S1, S2, Haltestelle Frankfurt/Nied (15 Minuten Fußweg)

Spritziger Familienspaß

73 Spiel und Spaß im Günthersburgpark

Das Highlight des Günthersburgparks ist sicherlich die Wasserspielanlage. Steigt das Thermometer im Sommer auf mehr als 25 Grad, spritzen fünf wasserspeiende Steinfiguren Fontänen in ein rundes, flaches Bassin. Ein herrlicher Spaß für die zahlreichen Kinder, die im Becken des Sprühfeldes ein kostenloses Vergnügen finden. Die Betonfiguren sind nicht nur erfrischend kühl, sie sind auch erfrischend amüsant. Frauen, Männer und Kinder haben sich „Am Strand“ zum Schwimmen und Sonnenbaden versammelt. Ihr Schöpfer, der Bildhauer Reiner Uhl, hat sie in üppiger Körperfülle dargestellt und mit verschiedenen Accessoires ausgestattet, aus denen das Wasser in hohem Bogen spritzt. In der Mitte des Beckens bäumen sich drei Wellen auf, die mit ihren Fontänen eine erfrischende Gischt versprühen und so ein angenehmes Umgebungsklima schaffen.

TIPP

Im Sommer für die Kinder unbedingt die Badesachen einpacken!

Die gepflegten und hundefreien Wiesen laden zum Picknick und Spielen ein. In dem als Spielpark angelegten Günthersburgpark warten zudem Spiel- und Sportplätze auf bewegungsfreudige Kinder. In der Platanenallee vor der ehemaligen Orangerie kann Boule gespielt werden, und ein kleines Café lädt zu einer entspannten Pause unter Bäumen ein. Gewundene Wege ziehen sich zwischen den Wiesen durch das leicht ansteigende Parkgelände und bieten ausreichend Gelegenheit zum Spazieren und Laufen. Beeindruckend sind die teilweise mehr als 100 Jahre alten Bäume, unter denen einige Exoten zu entdecken sind.

Die Ursprünge des Parks gehen auf eine mittelalterliche Burg zurück. 1837 erwarb die Bankiersfamilie Rothschild die Günthersburg, so benannt nach einem Vorbesitzer, ließ einen englischen Landschaftspark anlegen und eine prächtige Villa erbauen. 1889 übernahm die Stadt Frankfurt den Besitz und verfügte auf Wunsch des verstorbenen Mayer Carl von Rothschild den Abriss der Villa. Gartendirektor Andreas Weber gestaltete den Garten zu einem Volkspark um und baute hier den ersten Kinderspielplatz der Stadt.

- Günthersburgpark, Wetteraustraße, 60389 Frankfurt
- ÖPNV: U4, Haltestelle Bornheim Mitte (10 Minuten Fußweg); Tram 12, Haltestelle Günthersburgpark

Paradiesgarten

74 Natur erfahren im Chamissogarten

Es gibt Träume, die Wirklichkeit werden. Mitten in einem Wohngebiet in Dornbusch hat Ute Posenenske ihren Traum vom Schau- und Lerngarten für alle wahr gemacht. Auf dem Gelände einer ehemaligen Gärtnerei schuf die Heilpädagogin einen zauberhaften Ort der Begegnung und Inklusion. Das mit alten Bäumen und Hecken eingefriedete Areal ist kaum einsehbar. Nur am Eingang lässt der Blick durch das schmiedeeiserne Tor erahnen, welches Kleinod sich hier verbirgt. Der Chamissogarten begeistert mit einer unglaublichen Vielfalt an Blumen, Obst, Gemüse und Gehölzen, die in Permakultur fröhlich zusammen gedeihen. In den Beeten leuchten bunte Stauden neben duftenden Kräutern. In den bequem zu bearbeitenden Hochbeeten wachsen allerlei Gemüsesorten. An Obstbäumen und Sträuchern reifen die Früchte. Strukturiert wird dieses paradiesische Kunterbunt durch pflanzenberankte Pavillons mit Sitzgruppen und nostalgisch wirkende Gewächshäuser, die noch aus der Zeit des Gärtnereibetriebes stammen. Gartenskulpturen und Brunnenbecken setzen besondere Akzente. In einer alten, von Efeu berankten Ziegelsteinmauer lockt ein Rundbogentor in einen geheimen Garten, der mit Rosen und Buchsbaum gestaltet ist.

TIPP

Auf der Homepage nach den Veranstaltungsterminen schauen!

Der Kontrast zu diesem formalen Garten könnte in dem sich anschließenden Idyll kaum größer sein. Hühnerstall, Wildwiese, Obstbäume und Bienenstöcke lassen das Bild eines Bauerngartens vor Augen erstehen. Der Chamissogarten ist voller Überraschungen und bezaubernd schön. Kein Wunder, dass es hier gelingt, Menschen zusammenzubringen und Natur erfahrbar zu machen. Ehrenamtliche Helfer, Schulkinder, Naturfreunde und kulturell Interessierte treffen sich zur Gartenpflege, zu Kursen und Veranstaltungen. Gemeinsam wird geerntet und gekocht, es werden Kerzen aus eigenem Bienenwachs gefertigt oder Pflanzen pikiert. So verbindet die Natur Menschen jedes Alters aus allen Kulturen und mit jeglicher Begabung oder Behinderung. Im Chamissogarten rückt das Paradies ein Stückchen näher.

- Chamissogarten, Chamissostraße 38, 60431 Frankfurt Dornbusch
  www.chamissogarten.de
- ÖPNV: U1, U2, U3 und U8, Haltestelle Hügelstraße (7 Minuten Fußweg)

Geist und Natur

75 Erholung im Campus Westend

Die Gebäude der Goethe-Universität sind eingebettet in eine große Grünanlage, die allen Besuchern zur Erholung offensteht. Sie erstreckt sich vom ehemaligen I. G. Farben-Haus bis zum Neubaugelände, das mit modernster Architektur, Kunst und Cafés sowie weiten Rasenflächen aufwartet.

Der ältere Teil der Parkanlage, versteckt zwischen dem ehemaligen Verwaltungsgebäude des Chemiekonzerns und dem höher gelegenen Casino, ist der idyllische Teil des Universitätsgeländes. Im Süden durch das imposante Gebäude im Stil der Neuen Sachlichkeit, im Norden von einer terrassenförmigen Rasenanlage begrenzt, entsteht durch die hohe Vegetation zu beiden Seiten ein geschützter Raum. Einen gemütlichen Platz für ein Picknick oder eine Pause finden Glücksuchende auf den Rasenterrassen zur Linken der Treppenanlage, die zum Casino hinaufführt. Große Sträucher schaffen kleine Räume, von denen der Blick auf das zentral angelegte Wasserbecken fällt, über das sich malerisch zwei Trauerweiden neigen. Von der Mauer der Treppenanlage stürzt ein breiter Wasserfall in das Becken und von der Brüstung schaut verträumt eine Nymphe ins bewegte Wasser. Neben dem Casino, das heute als Mensa genutzt wird, liegt der Sommergarten. Die bei schönem Wetter an Wochentagen geöffnete Außengastronomie lädt zu Erfrischungen unter schattigen Bäumen ein.

TIPP

Nur ein paar Schritte entfernt liegt der Koreanische Garten mit seinen Jahreszeitengärten.

Die Vorgeschichte des Campus ist ebenso reich wie die Gestaltung der Parkanlage. Im 19. Jahrhundert, als das Gelände am Affensteiner Feld noch vor den Toren der Stadt lag, hatten Goethes Großeltern hier einen Obstgarten, die Rothschilds im benachbarten Grüneburgpark ein Schloss und der Verfasser des Struwwelpeters, Dr. Heinrich Hoffmann, baute an diesem Platz eine für ihre Zeit fortschrittliche Nervenklinik. Sein Mitarbeiter Dr. Alois Alzheimer entdeckte hier die Krankheit, die bis heute nicht heilbar ist. Die I.G. Farben-Industrie errichtete 1927 ihre Firmenzentrale, die, benannt nach ihrem Architekten, als Poelzig-Ensemble noch heute beeindruckt.

- Hauptgebäude des Campus Westend, Norbert-Wollheim-Platz 1, 60323 Frankfurt
- ÖPNV: U1, U2, U3, U8 Haltestelle Holzhausenstraße

Heimeliger Rückzugsort

76 Der Bürgergarten im Ostpark

Beim Betreten des Ostparks fallen dem Besucher zunächst die großen Spiel- und Liegewiesen und der große Weiher ins Auge. Ein echter Volkspark also, mit viel Freiflächen, Spazierwegen, Grillplätzen und einem Spielplatz. Aber da ist noch mehr. Hinter hohen Bäumen und Sträuchern und von einem Jägerzaun eingefriedet, liegt der Bürgergarten. In der ruhigen Grünanlage beeindrucken zunächst die teilweise über 100 Jahre alten, einheimischen und exotischen Bäume. Sie spenden kühlen Schatten auf dem Weg zur Mitte des Gartens. Ein Pavillon und Pergolen markieren den zentralen Ort, der den Übergang zwischen dem schattigen Waldbereich und dem sonnigen freien Raum der geometrisch angelegten Rasenflächen bildet. Ein von Hecken flankierter Weg durchzieht den langgestreckten Gartenraum und leitet zum Rosengarten mit einem kleinen Teich. Zu beiden Seiten führen Brücken über einen Bach, der sich als künstlich angelegtes Gewässer durch die Grünanlage windet und zwei Teiche durchfließt.

Hinter dem Rosengarten, von Hecken eingefriedet, liegt der Garten der „Gemüseackerdemie". Das Projekt des Ernährungsrates der Stadt Frankfurt stellt eine Wiederbelebung des bis 1983 als Zentralschulgarten betriebenen Gartens dar. Eigener Anbau, Pflege und Ernte von Nutzpflanzen soll den Kindern der umliegenden Schulen den Wert von Lebensmitteln nahebringen. Die Anlage geht auf Gartenbaudirektor Carl Heicke zurück. Als der zwischen 1907 und 1911 den Ostpark gestaltete, wurden im heutigen Bürgergarten Anzuchtbeete und eine pflanzengeografische Abteilung angelegt, um die Frankfurter Schulen mit Pflanzen für den Zeichen- und Biologieunterricht zu versorgen. Als das Interesse an dem Zentralgarten zurückging, wandelte sich dieser Teil des Parks in einen Bürgergarten. Die alten Bäume, Ruhebänke, geschwungenen Spazierwege, Steinskulpturen und die mit Schilf umgebenen Teiche lassen eine malerische Szene entstehen. Ein grüner Glücksort für eine beschauliche Auszeit.

- Ostpark, Ostparkstraße, 60385 Frankfurt
- ÖPNV: U7, Haltestelle Parlamentsplatz (13 Minuten Fußweg); Tram 11, Haltestelle Schwedlerstraße (10 Minuten Fußweg); Tram 12, Haltestelle Eissporthalle/Festplatz

Eine Prise Orient

77 Der barocke Bolongarogarten

Die älteste Kirche, der schönste Platz, das größte Fachwerkensemble und die einzige Fähre Frankfurts. Diese Superlative, die Höchst für sich verbuchen kann, werden noch um den ältesten Park erweitert: Der Bolongarogarten am Mainufer steht für das Glück wie kaum ein anderer Garten, denn viele Paare feiern hier den freudigen Auftakt in ein gemeinsames Leben. Für den Trausaal des Höchster Standesamtes gibt es wirklich keinen perfekteren Ort als den Emmerich-Pavillon im Bolongarogarten, der einzig erhaltenen Barockanlage Frankfurts. Der historische Garten wird von einer dreiflügeligen Palastanlage eingerahmt. Vom zentralen Park fällt die Anlage mit einer Terrasse nach Süden zum Main hin ab. Eine geschwungene Doppeltreppe führt auf die untere Plattform, die an beiden Seiten von Pavillons mit pagodenähnlichen Dächern flankiert ist, von dem einer der besagte Glücksort für Heiratswillige ist.

Aber nicht nur Verliebte, auch Romantiker, Ruhesuchende, Garten- und Architekturfreunde kommen bei einem Bummel durch den kleinen Park auf ihre Kosten. Die rot-weiße Fassade bildet einen herrschaftlichen Rahmen um die barocke Anlage, die durch Rasenflächen, Blumenbeete und Hecken gegliedert und mit typischen Elementen wie Wasserspielen und Figuren verziert ist. Zwölf orientalisch gekleidete Musiker aus rotem Sandstein ziehen die Blicke der Besucher an. Auf Postamenten entlang der Balustrade stehend, scheinen sie den Gästen zum Tanz aufzuspielen. Der Orient war im 18. Jahrhundert en vogue und wurde von der Familie Bolongaro hier hübsch in Szene gesetzt. Die Familie kam 1737 vom Lago Maggiore an den Main und gelangte durch Handel und Bankgeschäfte zu Wohlstand. Der Rat der Stadt Frankfurt verweigerte ihr die Bürgerrechte, und so bauten sie im benachbarten Höchst am Flussufer ihren prächtigen Palast. Zum Glück blieb uns diese Gartenterrasse mit schönster Aussicht auf den Zusammenfluss von Nidda und Main und die Wörthspitze bis heute erhalten.

TIPP

Anschließend in einem der Traditionslokale am Schlossplatz echt Frankfurter Küche genießen.

- Bolongarogarten, Bolongarostraße, 65929 Frankfurt
- ÖPNV: Tram 11, Bus 54, M55, Haltestelle Bolongaropalast

Frankfurts fleißigster Bach

78 Am Urselbach in Alt-Niederursel

Ein Bach, der zwei Welten trennt. Links die modernen Stadtviertel um den Campus Riedberg, rechts ein alter Dorfkern, der in der Finanzmetropole am Main überraschend ländlich und beschaulich daherkommt. Das Dorfidyll, mit Fachwerkhäusern, kleinen Gassen und Spazierwegen durch das Wiesental, liegt am Urselbach, der sich sanft durch das Tal schlängelt. Auf einer Strecke von rund 16 Kilometern, vom Taunus bis zu seiner Mündung beim Eschersheimer Wehr in die Nidda, trieb der Bach einst 42 Mühlen an. Die Mühlräder bewegten Mahlsteine und Holzhämmer, um Getreide zu mahlen und Stoffe zu walken sowie Lumpen für die Papierherstellung zu stampfen. Von den 34 Mühlen, die einst in Niederursel standen, sind vier Mühlengebäude noch erhalten. Bei einem Spaziergang durch das beschauliche Dorf und die Wiesen entlang des Baches kann man sie entdecken: die Kornettsmühle, deren Mansardendach mit den Schleppgauben schon von Weitem zu erkennen ist, die Obermühle am Mühlengraben sowie die Schilasmühle und die Hohe Mühle jenseits des Baches.
Nach einem Spaziergang durch die Natur laden grüne Glücksorte im Dorf ein, mehr über die wechselvolle Geschichte Niederursels zu erfahren. Rund um den Kirchgarten der Gustav-Adolf-Kirche, die 1928 auf den Grundmauern der ehemaligen St. Georgskapelle erbaut wurde, stehen Fachwerkhäuser mit wunderschönen Fassaden. Zwei der liebevoll sanierten Häuser, von denen das älteste aus dem 16. Jahrhundert stammt, erzählen aus der Zeit, in der Niederursel geteilt war. Schon im 15. Jahrhundert an zwei Herren verkauft, kamen die Ortsteile im 18. Jahrhundert an die Freie Reichsstadt Frankfurt und an die Grafen von Solms-Rödelheim. Der Herrschaftsbereich wurde durch die Hauptstraße voneinander getrennt, und in beiden Teilen errichtete man jeweils ein Rathaus. Die beiden barocken Fachwerkhäuser mit Zierfachwerk gehören zu den schönsten des Ortes. Gegenüber des Solm'schen Rathauses lädt der Sommergarten des Cafés und Buchladens zu einer Rast im Grünen ein.

- Urselbach, Alt-Niederursel, 60439 Niederursel
- ÖPNV: U3, U8, Haltestelle Niederursel (5 Minuten Fußweg)

Zu Besuch beim Speierling

79 Durch das Sossenheimer Unterfeld

Entdecker seltener Arten werden hier fündig. Und es ist wissenschaftlich erwiesen, dass Unbekanntes zu entdecken Glücksgefühle auslöst. Das allein ist schon ein Grund, durch das Sossenheimer Unterfeld zu gehen, denn hier wachsen die meisten der selten gewordenen Speierlinge im Frankfurter Stadtgebiet. Noch nie vom Speierling gehört? Aber schon einmal Apfelwein getrunken? Die kleinen birnen- bis apfelförmigen Früchte des Wildobstbaumes wurden und werden auch heute noch von Keltereien dem Apfelwein zugesetzt, um ihn haltbar und klar zu machen. Und natürlich geben die herben Früchte auch ihren Geschmack an das Nationalgetränk der Hessen ab. Also, warum nicht mit einem Fläschchen Speierling im Picknickkorb ins Sossenheimer Unterfeld radeln und dort am Obstpfad bei einem Speierling oder unter einem der anderen Obstbäume rasten? Es gibt viele schöne Ecken im Sossenheimer Unterfeld und an der angrenzenden Nidda.
Das 2,5 Quadratmeter große Gebiet ist Teil des Frankfurter Grüngürtels und wird hauptsächlich als Ackerland genutzt. Mais, Getreide, Kartoffeln, dazwischen Streuobstwiesen, Vogelschutzgehölze und Spazierwege. Einst war das Sossenheimer Unterfeld eine sumpfige Aue, die Ende des 19. Jahrhunderts durch Entwässerungsgräben trockengelegt wurde. Streuobstwiesen wurden angelegt und drei Jahrzehnte später die Nidda begradigt, wodurch einige Altarme zu beiden Seiten des Flusses entstanden. Einer der zahlreichen Spazierwege ist der 4,5 Kilometer lange Obstpfad mit seinen 16 Informationstafeln, die von Pflanzen, Tieren, den landwirtschaftlichen Tätigkeiten und der Geschichte des Obstanbaus erzählen. Der Weg führt auch zu einem idyllischen Platz, der Chlodwig-Poth-Anlage. Unter einem alten Weißdorn lässt sich hier auf zwei Bänken gut verweilen. Auf fünf Stelen sind zwei Bilderserien des Zeichners und Schriftstellers Chlodwig Poth ausgestellt. Sie sind Teil der Reihe „Komische Kunst“ im Frankfurter Grüngürtel.

- Sossenheimer Unterfeld, Wiesenfeldstraße, 65936 Frankfurt
- ÖPNV: S2, Haltestelle Frankfurt-Nied (22 Minuten Fußweg); ab Griesheim Bus 59, Haltestelle Nidda/Kampfbahn (14 Minuten Fußweg)

Ein Platz an der Sonne

80

Auszeit am Berger Hang

Ein glückliches Lächeln auf den Lippen, entspannte Gesichter, ein freundlicher Gruß. Was macht dieser Ort mit uns? Alle scheinen sich hier wohlzufühlen. Der Berger Südhang, am Steilufer eines alten Mainarmes gelegen, lädt zum Glücklichsein ein. Von der Sonne verwöhnt, gedeihen in dieser Lage Obst und seltene Pflanzenarten besonders gut. Nicht umsonst liegt hier das größte zusammenhängende Streuobstwiesengebiet Hessens, das sich von Bergen-Enkheim bis nach Hochstadt erstreckt. Ein Teil des Hanges ist als Naturschutzgebiet ausgewiesen, doch es bleibt für den Menschen noch genügend Platz zum Wandern und Genießen. Zahlreiche Wege führen durch die Wiesen und kleinen Wäldchen. Rosengebüsch, Beerensträucher und Obstgehölze sind ein Paradies für Vögel, deren fröhliches Gezwitscher uns sogleich in gute Laune versetzt.

Das Klima ist mild hier, und es wundert nicht, dass über viele Jahrhunderte am sogenannten Wingertsacker, so der Flurname, Wein angebaut wurde. Dem Weinanbau setzten Missernten und die Reblaus, die Mitte des 19. Jahrhunderts mit einer amerikanischen Rebe eingeschleppt worden war, ein Ende. Stattdessen wurden an den sonnenverwöhnten Rebhängen Obstgehölze gepflanzt. Durch die Kombination von hohen Obstbäumen mit Halbtrockenrasen, Feuchtwiesen, Hangquellen und Gebüsch entstand ein optimales Umfeld für artenreiche Pflanzen- und Tiergemeinschaften. Kröten, Echsen und Nattern fühlen sich ebenso wohl wie Nachtigall, Pirol, Neuntöter oder Steinkauz.

Ob im Frühling, wenn die Obstbäume blühen und die ersten Orchideen aus der Erde sprießen, oder im Herbst mit seinen bunten Farben, eine Auszeit am Berger Hang macht glücklich. Was gibt es Schöneres, als auf einer Bank zu sitzen, die Seele baumeln zu lassen und die einmalige Aussicht zu genießen? Der Blick fällt auf die Skyline der Stadt mit ihren Wolkenkratzern, geht weiter über Sachsenhausen und Offenbach und schweift dann weit über das Maintal, wo sich am Horizont in zartem Grau die Silhouette der Bergstraße erkennen lässt.

- Berger Hang, Berger Schützenweg, 60388 Frankfurt
- ÖPNV: U4, Haltestelle Bornheim/Seckbacher Landstraße, dann Bus M43, Haltestelle Bergen Ost (9 Minuten Fußweg)

Bibliografische Informationen der Deutschen Nationalbibliothek
Die Deutsche Nationalbibliothek verzeichnet diese Publikation in der Deutschen Nationalbibliografie; detaillierte bibliografische Daten sind im Internet über http://dnb.d-nb.de abrufbar.

Konzeption/Satz: Droste Verlag, Düsseldorf
Einbandgestaltung und Illustrationen: Britta Rungwerth, Düsseldorf, unter Verwendung von Bildern von © Fotolia.com: jd – photodesign.de; © iStock: Plociennik Robert
Fotos: Dorothee Bastian

FSC
www.fsc.org
MIX
Papier aus verantwortungsvollen Quellen
FSC® C011279

Druck und Bindung: LUC GmbH, Greven
ISBN 978-3-7700-2252-6

www.droste-verlag.de